Knut Sroka
Herzinfarkt vermeiden

Reihe »edition psychosozial«

Knut Sroka

Herzinfarkt vermeiden

Neue Wege zur Vorbeugung und Heilung

Psychosozial-Verlag

Bibliografische Information der Deutschen Nationalbibliothek
Die Deutsche Nationalbibliothek verzeichnet diese Publikation
in der Deutschen Nationalbibliografie; detaillierte bibliografische Daten
sind im Internet über http://dnb.d-nb.de abrufbar.

3. Auflage 2011

E-Mail: info@psychosozial-verlag.de
www.psychosozial-verlag.de

Umschlagabbildung: Keith Haring

Umschlaggestaltung: Christoph Röhl nach Entwürfen
des Ateliers Warminski, Büdingen
ISBN 978-3-89806-139-1

Inhaltsverzeichnis

Vorwort 9

Psyche und Herzinfarkt 13

Gibt es eine »Infarkt-Persönlichkeit«? 13

Aufstieg und Fall des Typ A und neuere Entwicklungen 17

Das Bindeglied zwischen Seele und Körper 18

Wer oder was ist der Vagus? 22

Der Vagus in der Herzforschung 23

Meine Untersuchung zur Rolle des Vagus beim Herzinfarkt 24

Vagus und Herzinfarkt 27

Vagus und koronare Herzkrankheit 27

Vagus und Herzanfall/Infarkt 28

Von der Vagusschwäche zur Durchblutungsstörung im Herzmuskel 30

Vagus und Risikofaktoren des Herzinfarkts 31

Vagus und Streß 32

Vagus und der emotionale Bereich 33

Vagus und der psychosomatische Prozeß beim Herzinfarkt 33

Der Vagus im Gesamtkonzert der Infarktentstehung 34

Vagusschwäche im psychosozialen Zusammenhang 37

Vagusschwäche und Streß 38

Vagusaktivität bei der Streßregulation 38

Vagus und Sympathikus bei chronischem psychosozialem Streß 39

Disstreß und Anerkennung 39

Chronischer Disstreß und Unterdrückung der Vagusaktivität 40

Vagusschwäche und der emotionale Bereich beim Herzinfarkt 41

Sozialer Rückhalt und Herzinfarkt 41

Die Entwicklung des Vagus als Bestandteil der emotionalen Entwicklung 43

Vagusschwäche im psychosomatischen Zusammenhang 48

These zur Psychosomatik des Herzinfarkts 50

Untermauerung der These 51

Unterdückung der Gefühle 51

Fehlender sozialer Rückhalt 53

Depression 53

Liebe 54

Fazit 55

Die Ursachen der Vagusschwäche 55

Zweifel am Kranzgefäß-Modell 60

Sehr viel Geld und die Macht der Verdrängung 63

Neue Wege zur Vorbeugung und Behandlung des Herzinfarkts 64

Anhang:
HRV-Analyse beim Herzinfarkt 73

Literaturverzeichnis 135

Glossar 151

Vorwort

Gegenwärtig werden in Deutschland ca. 50 000 Bypass-Operationen und ca. 150 000 Ballonkatheter-Eingriffe zur Aufweitung verengter Herzkranzgefäße pro Jahr durchgeführt. Die Patienten erwarten, daß ihr Herz durch diese Maßnahmen vor einem erneuten Infarkt geschützt wird. Sie hoffen, daß ihr Leben dadurch verlängert wird. In der Mehrzahl der Fälle können diese Hoffnungen nicht erfüllt werden. Die wissenschaftlichen Begleitstudien zur Bypass-Chirurgie und zum Ballon-Katheter zeigen deutlich, daß bei diesen Eingriffen in der Mehrzahl nicht damit zu rechnen ist, daß einem erneuten Infarkt vorgebeugt oder das Leben verlängert wird.

Hochgradige arteriosklerotische Verengungen der Herzkranzgefäße gelten als die entscheidende Ursache des Herzinfarkts. Wenn Umgehung und Aufweitung dieser Verengungen in den meisten Fällen keinen Einfluß auf den Infarkt und seine Folgen hat, dann muß gefragt werden, ob den Kranzgefäßverengungen tatsächlich dieser Stellenwert in der Infarktentstehung zukommt. Es muß weiterhin gefragt werden, ob es nicht noch andere wichtige Faktoren und Mechanismen gibt, die neben oder auch unabhängig von der Arteriosklerose der Herzkranzgefäße zur Entstehung des Herzinfarkts beitragen.

Viele Wege führen nach Rom. So ist es auch mit der Entstehung eines Herzinfarkts. Seit langem wird die Frage diskutiert, inwieweit die Persönlichkeit eines Menschen zum Infarkt disponiert. In dieser Diskussion dominierte in den letzten 50 Jahren ein Begriff, der Streß. Zum Thema Streß und Herzinfarkt ist soviel publiziert worden, daß es ganze Bibliotheken füllen kann. Leider muß man als Resümee dieser umfangreichen Bemühungen festhalten, daß nur wenig Eindeutiges und Gesichertes zu dieser Thematik gesagt werden kann. Zudem wird in der Regel davon ausgegangen, daß der Streß den arteriosklerotischen Prozeß verstärkt. Neue Wege der Infarktentstehung wurden dadurch nicht eröffnet.

Im Rahmen einer wissenschaftlichen Konferenz habe ich die Rolle des vegetativen Nervensystems, von Sympathikus und Parasympathikus in der Infarktentstehung untersucht. Der Sympathikus aktiviert die Herztätigkeit, der Parasympathikus senkt Puls und Blutdruck und beruhigt das Herz. Ich bediente mich dabei einer relativ neuen Methode, der Analyse der Herzfrequenz-Variabilität, die im Text näher erläutert wird und die präzise Aussagen zum Verhalten von Sympathikus und Parasympathikus ermöglicht.

Die parasympathische Steuerung der Herzfunktion wird von einem bestimmten Nerven, dem »Vagus« wahrgenommen. Der Vagus ist sozusagen der Parasympathikus des Herzens. Meine Analyse ergab, daß die Aktivität des Vagus bei Patienten mit einer »koronaren Herzkrankheit« deutlich abgeschwächt ist. Im chronischen Stadium der Erkrankung ist die Vagusaktivität charakteristischerweise um etwa ein Drittel im Vergleich zu gesunden Personen abgesenkt. In der Akutphase, in Zeiten sich häufender Herzanfälle finden sich weitere drastische Absenkungen der Vagusaktivität.

Der Vagus bzw. eine Blockade der Vagusaktivität spielt eine wichtige Rolle beim Herzanfall, der »Angina pectoris«. Etwa 80% der Herzanfälle werden durch akute Abschwünge der Vagusaktivität ausgelöst. Während der Anfälle bleibt der Vagus fast ausgelöscht. Ein Wiederanstieg der Vagusaktivität leitet das Anfallsende ein.

Vor einem Herzinfarkt finden sich Phasen hochgradig eingeschränkter Vagusaktivität. Wenn der Vagus in dieser Zeit, einer sogenannten »instabilen Angina« zunimmt, signalisiert dies eine günstige Prognose. Kommt es zum Auftreten eines Herzinfarkts oder plötzlichen Herztods, dann war der Vagus zuvor besonders stark reduziert.

Die ausgeprägten Blockaden des Vagus vor einem Infarkt sind auch noch in der Frühphase nach einem Infarkt nachweisbar. In zahlreichen Untersuchungen ist deutlich geworden, daß das Ausmaß der Vagusschwäche in den ersten zwei Wochen nach einem Infarkt eng mit dem zukünftigen Lebensschicksal verknüpft ist. Je ausgeprägter die Vagusschwäche in diesen Tagen, desto größer das Risiko, in den Folgejahren am Herztod zu sterben.

In zwei großen epidemiologischen Studien wurden Personen untersucht, die zum Studienbeginn frei waren von jeglichen Zeichen einer koronaren Herzkrankheit. Bei diesen Menschen erwies sich der Grad der Vagusschwäche zum Studienbeginn als bedeutungsvoll für ihr weiteres Leben. Je stärker die Einschränkung der Vagusaktivität zu diesem Zeitpunkt, also vor der Entwicklung arteriosklerotischer Kranzgefäßveränderungen, desto größer war das Risiko, in den Folgejahren einen Herzinfarkt oder Herztod zu erleiden.

All diese wissenschaftlich ausgewiesenen Zusammenhänge haben in der Medizin bisher nicht die ihnen zukommende Beachtung gefunden. Meine Analyse ergab, daß eine Funktionsschwäche des Vagus von starkem prägendem Einfluß auf die Entstehung eines Herzinfarkts und auf den weiteren Verlauf der Erkrankung ist. Der Einfluß der Vagusschwäche auf das Herz besteht unabhängig von der Arteriosklerose und damit von den Verengungen der Herzkranzgefäße. Im Verhältnis zur Vagusschwäche sind Aktivitätssteigerungen des Sympathikus, die eigentliche Streßreaktion, von deutlich untergeordneter Bedeutung für Herzanfall und Herzinfarkt.

Der »Tonus«, die Kraft des Vagus, der »Vagustonus« ist in der Jugend groß und nimmt mit dem Alter sukzessive ab. Frauen haben im Durchschnitt einen stärkeren Vagus als Männer. Körperliche Aktivität stimuliert den Vagus, sitzende Lebensweise schwächt den Vagus. Chronische Streßbelastung unterdrückt die Vagusaktivität.

Der Vagus ist außerdem eng mit der Emotionalität und dem Beziehungsleben verbunden. Offenheit gegenüber der eigenen Gefühlswelt, emotionale Ausdrucksfähigkeit und lebendige Sozialkontakte sind starke Stimulatoren des Vagus. Das Spannungsfeld von emotionaler Öffnung und emotionalem Verschließen ist zentral für die Entwicklung und Ausprägung des Vagustonus. Ein lebendiges Gefühls- und Beziehungsleben, Liebe und auch Sex bieten einen wirksamen Schutz vor einem Herzinfarkt. Chronische Unterdrückung von Gefühlen und soziale Isolation disponieren über eine chronische Vagusschwäche zum Infarkt.

Mit der Vagusschwäche als Mittler zwischen Psyche und Körper ist der Herzinfarkt zweifellos auch eine psychosomatische Erkrankung. Die Vagusaktivität ist jedoch außerdem noch von vielen anderen Faktoren, genetischen, biologischen, Umwelt- und Verhaltensfaktoren abhängig. Erst das Zusammenspiel all dieser Einflüsse auf den Vagus bestimmt das Infarktrisiko.

Der Vagustonus ist meßbar. Eine Vagusschwäche in ihrem Einfluß auf die Infarktentstehung kann eindeutig diagnostiziert und beurteilt werden.

Maßnahmen zur Stärkung des Vagus eröffnen ein weites Feld neuer Möglichkeiten zur Vorbeugung und Behandlung des Herzinfarkts. Die östlichen Heilweisen zur Belebung des »inneren Energieflusses« wie Yoga, Akupunktur, Atemübungen, Meditation, Ayurveda-Massagen, usw. stimulieren den Vagus und sollten Eingang in die Prophylaxe und Therapie des Herzinfakts finden. Wichtig ist die Öffnung gegenüber den eigenen verdrängten Gefühlen. Emotionale Öffnung kann helfen, einen Infarkt zu vermeiden.Vor allem bietet ein lebendiges Beziehungsleben den besten Schutz vor einem Herzinfarkt.

Dr. Knut Sroka, Oktober 2001

Psyche und Herzinfarkt

Gibt es eine »Infarkt-Persönlichkeit«?

Hat ein Herzinfarkt etwas mit der seelischen Verfassung zu tun? Gibt es spezifische psychische Faktoren, die zur Auslösung eines Infarkts beitragen? Gibt es so etwas wie eine »Infarkt-Persönlichkeit«?

Der Zusamenhang von Herz und Seele ist jedermann geläufig. Das Herz als Spiegel der Seele: Die Bildersprache vieler Kulturen ist davon reich an Beispielen. Auch davon, daß Herzkrankheiten Ausdruck seelischen Leidens sind, wird in der Literatur häufig berichtet. »Aber«, wie *Reich-Ranicki* (1988) anmerkt, »in der Regel sind es nicht die Kardiologen, die den Helden der Literatur helfen können«.

Im Zentrum des medizinischen Interesses bei Herzanfall und Herzinfarkt stehen die Herzkranzgefäße. Verengungen und Verschlüssen dieser Gefäße gilt das ganze Augenmerk. Damit verbunden sind die Risikofaktoren der Arteriosklerose von Bedeutung, die die Ausbildung derartiger Gefäßverengungen begünstigen: Hoher Blutdruck, erhöhter Cholesterinspiegel, das Rauchen, die Zuckerkrankheit, der Streß und vieles andere mehr. Im »Streß« findet sich ein ferner, sehr unpersönlicher Bezug zwischen Herz und Seele im gängigen Infarktkonzept. In der täglichen Praxis spielt die Persönlichkeitsstruktur des Infarktpatienten keine besondere Rolle. Psychische Konstellationen vor Infarktausbruch werden kaum zur Kenntnis genommen und können in ihrer Bedeutung selten richtig gewichtet werden. In der alltäglichen Praxis fällt die Behandlung Infarktkranker weit hinter den psychologischen Kenntnisstand der Zeit vor dem zweiten Weltkrieg zurück.

Bereits in den 30er Jahren des 20. Jahrhunderts sind die Persönlichkeitsmerkmale, die bei Herzinfarktpatienten gehäuft anzutreffen sind, in bestechender Klarheit beschrieben worden. Die New Yorker Ärztin *H. F. Dunbar* hat zusammen mit ihren Mitarbeitern von der Columbia University zwischen 1934 und 1936 203 Herz-Kreislaufpatienten im Alter zwischen 15 und 55 Jahren psychosomatisch untersucht. Als Resümee, ihrer Forschungen (*Dunbar*, 1942) hält die Autorin folgende Merkmale für charakteristisch bei Infarktpatienten:

- Hohe Kontrolliertheit und starke Zwanghaftigkeit. Bei Infarktpatienten finden sich nur wenige klassische neurotische Merkmale, aber ihr Lebensmuster von Verzicht und harter Arbeit überdeckt viele Zwänge.
- Diese Patienten präsentieren eine oberflächliche Ruhe, der die Anstrengung kaum angesehen wird. In Streßzeiten tendieren sie dazu, sich zurückzuziehen, das Alleinsein zu suchen und zu grübeln.
- Sie machen den Eindruck von Selbstgenügsamkeit und haben die Tendenz, soziale Beziehungen zu dominieren. Sie erlauben sich selten Freiheit im emotionalen Ausdruck. Wenn sie von ihren eigenen Gefühlen sprechen, dann nur insoweit, »als sie dafür einige passende Formulierungen bei Schopenhauer oder in der Bibel zum Beispiel finden können.«
- Sie zeigen eine hohe Identifizierung mit Autoritätsfiguren und streben danach, Super-Autoritäten zu werden.
- Dem Infarkt geht eine schwere Erschütterung ihres Selbstbildes voraus.
- Die initiale Reaktion auf die Krankheit ist Verzweiflung verbunden mit dem zwanghaften Bedürfnis, jegliche Notwendigkeit einer Änderung in der bisherigen Lebensführung zu verleugnen. Daher ihre Tendenz, in dieser Situation zu übertreiben, medizinische Anweisungen zu mißachten oder eine extreme Depression zu entwickeln.

Dunbar (1942) faßte die von ihrer Arbeitsgruppe untersuchten jungen Infarktpatienten als eine relativ homogene Gruppe auf mit einer klar abgrenzbaren Konstellation von Persönlichkeitsmerkmalen. Auf die New Yorker Ärztin geht der Begriff einer »Infarktpersönlichkeit« zurück.

Im Anschluß an die grundlegenden Arbeiten von *Dunbar* sind in der Folgezeit erhebliche Bemühungen unternommen worden, die psychodynamischen Strukturen abzuklären, die einer solchen Persönlichkeitsstruktur zugrundeliegen. Die wissenschaftliche Literatur zu dieser Thematik ist nicht leicht lesbar. Die unterschiedlichen theoretischen Modelle der Tiefenpsychologie haben anscheinend eines gemeinsam, eine künstlich anmutende, gelegentlich sehr eigenwillige Ausdrucksweise. Eine verständliche und inhaltsreiche Darstellung der Thematik gelang der Amsterdamer Arbeitsgruppe um *Groen*.

Groen und Mitarbeiter (1965) untersuchten 30 männliche Infarktpatienten im Alter unter 56 Jahren. Genauso wie bei *Dunbar* handelte es sich also um vergleichsweise junge Infarktpatienten, die in dieser Studie einer psychoanalytisch orientierten Untersuchung und Therapie zugeführt wurden.

Die Beschreibung des Charakterprofils beginnt mit folgenden Sätzen: »Diese Patienten können Gefühle der Abhängigkeit und Passivität schwer ertragen. Solche Gefühle werden schnell als zu kindisch oder weiblich abgetan. Das bemerkenswerteste Muster in ihrem Verhalten ist ein leidenschaftlicher Drang nach harter Arbeit, ein brennender Ehrgeiz und die Tendenz, andere zu dominieren, sei es bei der Arbeit, in der Familie, in der Liebe oder im sozialen Leben.« (*Kits van Heijningen und Treurniet*, 1966).

Als psychodynamisch zentraler Mechanismus wird von den Autoren ein exzessiver Widerstand gegen passive Bestrebungen und Abhängigkeit mittels unangemessener Aktivität sowie einem Drang nach vollständiger Unabhängigkeit herausgearbeitet. Wie entwickelt sich so etwas? Als Ursache benennt die Amsterdamer Gruppe in psychoanalytischer Diktion: »narzistische Verletzungen«, und eine »emotionale Deprivation (Unterversorgung) in der Kindheit«. Die Basis für das Persönlichkeitsprofil der Infarktpatienten ist demnach in mangelnder Liebe, in mangelnder emotionaler Versorgung durch die Eltern, speziell durch die Mutter in der Kindheit zu suchen.

Was die aktuelle Genese des Infarkts betrifft, geben die Autoren eine Reihe von Beispielen, in denen eine rigide Unterdrückung heftiger aggressiver Impulse dem Infarkt bzw. der Angina pectoris unmittelbar vorausgeht. Gefühlsabwehr, Beherrschung um jeden Preis, auch den eines Infarkts.

In der Frankfurter Interviewstudie an 100 Infarktpatienten (*Moersch* et al., 1980) wird ganz Ähnliches formuliert. Die Konfliktstruktur dieser Patienten wird in dieser Studie folgendermaßen charakterisiert: »Die meisten der von uns interviewten Herzinfarkt-Patienten sind in ihrem Leben aufgrund infantiler Versagungserlebnisse bestrebt, die Position des Abhängigen, der Enttäuschung von anderen hinnehmen muß, mit allen Mitteln zu vermeiden.« Zum infarktauslösenden Konflikt stellt die gleiche Autorin fest, »daß alle jene Konflikte bedeutungsvoll sind, die das labile narzistische Gleichgewicht dieser Patienten gefährden, wie z.B. Kränkung, Zurücksetzung und Prestigeverlust am Arbeitsplatz sowie Enttäuschungen an Frau und Kindern, wenn diese sich der patriarchalischen Dominanz entziehen.« (*Kerz-Rühling in Moersch* et al., 1980).

»Infantile Versagenserlebnisse« meint auch hier mangelnde emotionale Versorgung des Kindes. »Labiles narzistisches Gleichgewicht« nimmt Bezug auf die labile Selbstwertregulation der Infarktpatienten. Bei Mangel an mütterlicher Zuwendung leidet die Entwicklung eines stabilen Selbstwertgefühls. Bei Heranwachsenden leidet dann auch gelegentlich die Identifizierung mit den Eltern, bei Jungen speziell die mit dem Vater. So stellte schon *Arlow*

(1945) in einer kleinen Fallstudie an neun ausgewählten Infarktpatienten fest: »The patient feels much like a youngster who is masquerading in his father's clothes«. Will sagen, daß mancher männliche Infarktpatient den Anzug seines Vaters übergezogen hat, ohne diesen aufgrund innerer Unsicherheit richtig füllen zu können.

Die Selbstwertregulation steht unter dem Einfluß der »Selbst-Psychologie« zunehmend im Interesse der psychosomatischen Infarktforschung. Das labile Selbstwertgefühl erklärt in dieser Sichtweise den kompromißlosen Drang vieler Infarktpatienten, mit Hilfe von Selbstbeherrschung und disziplinierter harter Arbeit die ersehnte Anerkennung zu erringen. Verkürzt gesagt, liegen die entscheidenden Prägungen vornehmlich jüngerer Infarktpatienten im Mangel an mütterlicher Liebe und in einer rigiden Orientierung an den Idealen der Wettbewerbsgesellschaft. Dabei leidet ganz offenbar die spontane emotionale Entwicklung und die Beziehungsfähigkeit.

Hier schließt sich der Kreis. Die Beschreibung *Dunbars* hat offenbar an Aktualität nichts verloren. Sie wird ergänzt durch eine Studie von *Titscher* und Mitarbeitern aus Wien aus dem Jahr 2000 zur Partnerschaft von Patienten mit koronarer Herzkrankheit. In dieser Studie wird das Beziehungsleben dieser Patienten charakterisiert: »Koronarpaare« zeigen eine situationsinadäquate Unterdrückung von Gefühlen und einen unzulänglichen Gefühlsausdruck. In der Beziehung besteht ein Mangel an Empathie (Einfühlungsvermögen für den anderen). Je stärker die körperliche Erkrankung des Mannes, desto weniger Empathie besteht und desto destruktiver wird die emotionale Kommunikation in der Beziehung.«

Diese Beschreibung trifft meines Erachtens den Kern, das Spezifikum in der Persönlichkeitsstruktur von Infarktpatienten. Ungeliebt, selbstunsicher, gierig nach Anerkennung und harte Arbeiter sind viele Menschen in unserer Gesellschaft. Das Spezifische Infarktkranker liegt in der sozioemotionalen Sphäre, im rigiden unterdrückenden Umgang mit der eigenen Gefühlswelt und in der Orientierung des Beziehungslebens auf Unabhängigkeit, bei allen Sozialkontakten auf innere Beziehungslosigkeit. Die Metapher läßt sich nicht umgehen: Das Herz wird unter Verschluß gehalten.

Trotz all dieser klaren Aussagen zum Charakterprofil und zum Verhalten von Infarktpatienten ist mit dem Begriff einer »Infarktpersönlichkeit« meines Erachtens sehr vorsichtig umzugehen. Die herausgearbeiteten Charaktermerkmale betreffen fast ausschließlich jüngere Infarktpatienten. Auch nach der von mir in diesem Buch vertretenen Darstellung ist der Herzinfarkt keine reine psychosomatische Erkrankung. Der psychosomatische Prozeß fügt sich ein in ein Gesamtgeschehen, das außerdem durch genetische, biologische und Verhaltensfaktoren geprägt ist. In jüngeren Jahren stehen psychosomatische Einflüsse im Vordergrund, im Alter dominiert die Biologie.

Aufstieg und Fall des Typ A und neuere Entwicklungen

Das Typ A-Verhalten spielte in der Psychosomatik des Herzinfarkts im letzten Vierteljahrhundert eine zentrale Rolle. Nach *Friedman* und *Rosenman* ist die Typ A-Persönlichkeit - im Kontrast zu einem Typ B - dadurch gekennzeichnet, daß sie auf aggressive, arbeitssüchtige, rastlose, vorwärtsdrängende und getrieben-ehrgeizige Art an das Leben herangeht. Typ A-Personen sprechen schneller und lauter, neigen dazu, andere zu unterbrechen und zu übertönen, und sie gestikulieren heftiger beim Sprechen (*Rosenman* et al., 1966). Anekdotisch wird berichtet, *Rosenman* sei auf das Konzept gekommen, nachdem er in seinem kardiologischen Wartezimmer in San Francisco im Vergleich zur urologischen Nachbarpraxis deutlich stärker abgewetzte Sessel bemerkt habe (zitiert nach *Herrmann-Lingen*, 2000). Wahrscheinlich war die Beschreibung eines Typ A-Musters jedoch mehr ein Kind seiner Zeit. Nach der Popularisierung des Streßbegriffs durch *Selye* (1956) war die Zeit der Streß- und Life-Event-Forschung in der Kardiologie angebrochen. So wirkt denn das Typ A-Verhalten wie eine Stanze von Streß- und Leistungsaspekten aus dem von Dunbar beschriebenen Charakterprofil. Was fehlt, ist die Gefühlsabwehr, ist die innere Verschlossenheit.

Mehrere tausend Studien wurden zum Typ A publiziert. Zwischenzeitlich erlangte das Typ A-Verhalten die Anerkennung als Risikofaktor des Herzinfarkts (*Review Panel*, 1981). Gegenwärtig ist die Wissenschaft jedoch dabei, sich von diesem Konzept wieder zu verabschieden. Die Datenlage zwingt dazu. In einer sehr sorgfältigen Analyse konnte gezeigt werden, daß das Typ A-Verhalten keinen unabhängigen prognostischen Effekt auf die koronare Herzkranheit ausübt (*Myrtek*, 1999).

Um das Typ A-Konzept nicht vollständig aufgeben zu müssen, wurde versucht, sogenannte »toxische« Komponenten im Typ A-Verhalten aufzuspüren und deren Beziehung zur koronaren Herzkrankheit zu bestimmen. Zum wichtigsten Nachfolgekonzept geriet »Hostility« (Feindseligkeit). Unter Hostilility wurde ein Komplex aus zynischer Feindseligkeit, Mißtrauen, Verstimmung und chronischem Ärger zusammengefaßt. Doch nach kritischer Sichtung der diesbezüglichen Studien kann auch »Feindseligkeit«

nicht als unabhängiger Risikofaktor der koronaren Herzkrankheit und damit als typisches Charakteristikum einer »Infarktpersönlichkeit« angesehen werden (*Myrtek*, 1999).

In weiteren Konzepten wurde versucht, zwischen chronischen »negativen Emotionen« und der koronaren Herzkrankheit Zusammenhänge herzustellen. So wurden gelegentlich phobische Angst, chronischer Ärger und Depressivität mit erhöhter Anfälligkeit für die koronare Herzkrankheit in Verbindung gebracht. Das umfangreiche Studienmaterial zu diesen Fragen weist allerdings viele Widersprüchlichkeiten auf, so daß der Zusammenhang zwischen den »negativen Emotionen« und der koronaren Herzkrankheit kein direkt kausaler sein kann, sondern in komplexere Beziehungen eingebunden erscheint.

Zur Klärung dieser Zusammenhänge hat eine Arbeit von *Denollet* und Mitarbeitern (1996) aus Antwerpen erheblich beigetragen. In dieser Studie wurde der Einfluß einer sogenannten Typ D-Persönlichkeit (D von Disstreß) auf den Verlauf der koronaren Herzkrankheit untersucht. Der Typ D ist durch »negative Emotionen« und »soziale Hemmung« charakterisiert. »Negative Emotionen« bezog sich vorrangig auf Symptome chronischer innerer Spannung und Depression, »soziale Hemmung« war charakterisiert durch chronische Unterdrückung des Gefühlsausdrucks sowie die Tendenz, andere Menschen auf Distanz zu halten. Dementsprechend war die soziale Einbindung eher gering ausgeprägt. Im Studienverlauf von knapp acht Jahren war das Sterberisiko der Typ D-Patienten viermal größer als bei den restlichen Herzpatienten unabhängig vom Zustand ihrer Koronararterien und unabhängig vom Zustand ihres Herzmuskels.

Diese Studie unterstreicht eindrucksvoll den Einfluß der sozio-emotionalen Sphäre auf das Infarktgeschehen. Der aktuelle Stand der psychosomatischen Infarktforschung legt nahe, daß inneres Verschließen, die Unterdrückung der Gefühlswelt in Verbindung mit einem Mangel an zwischenmenschlichen Beziehungen zum Infarkt disponiert. Als Spezifikum im Persönlichkeitsprofil vorzugsweise jüngerer Infarktpatienten kristallisiert sich zunehmend die Kombination von chronischer Gefühlsabwehr mit sozialem Rückzug heraus.

Das Bindeglied zwischen Seele und Körper

Meine Arbeit zielt primär auf das Bindeglied zwischen Seele und Körper. Die gesamte Psychosomatik leidet darunter, daß es ihr nur in den seltensten Fällen gelungen ist, die physiologischen Verbindungsstränge zwischen seelischen und körperlichen Prozessen prägnant und zweifelsfrei aufzeigen zu können. Im allgemeinen bleibt es bei Vermutungen und Hypothesen. Das ermöglicht der primär organmedizinisch ausgerichteten Schulmedizin, die psychosomatischen Seiten einer Krankheit allenfalls als schmückendes Beiwerk zu betrachten und in praxi weitgehend zu vernachlässigen.

In der Psychosomatik des Herzinfarkts regiert seit Jahrzehnten die Theorie über die Streßreaktion. Starke körperliche Anstrengung oder psychischer Streß, vermittelt über Aktivitätssteigerungen des sympathischen Nervensystems zusammen mit der Ausschüttung von Adrenalin und anderen Streßhormonen, stimulieren den Sauerstoffverbrauch des Herzmuskels. Wenn die Sauerstoffzufuhr des Herzmuskels aufgrund koronarer Stenosen, also aufgrund von Verengungen (Stenosen) der Herzkranzgefäße eingeschränkt ist, kann die streßbedingte Steigerung des Sauerstoffverbrauchs das begrenzte Angebot übersteigen und damit zur Sauerstoffnot im Herzmuskel führen. Dadurch wird ein Herzanfall, eine Angina pectoris (»Brustenge«) ausgelöst, so die offizielle Auffassung. Des weiteren wird angenommen, daß streßbedingte Blutdrucksteigerungen dazu beitragen können, daß die arteriosklerotischen Vorwölbungen oder Plaques, die ja das Substrat der Stenosen sind, in den Koronararterien aufbrechen. Die Plaqueruptur, das Einreißen und Aufbrechen eines arteriosklerotischen Wulstes, setzt einen komplexen Prozeß in der Herzkranzarterie in Gang, der mit dem thrombotischen Verschluß, also dem Verschluß der Koronararterie durch einen Thrombus, ein Gerinnsel, enden kann. Durch den thrombotischen Verschluß wird die Durchblutung des nachgeschalteten Gefäßgebietes unterbrochen und dadurch ein Herzinfarkt ausgelöst. So die schulmedizinische These.

Diese Auffassung ist jedoch in wichtigen Punkten in Frage zu stellen. Das Zusammenspiel von Koronarstenosen und Streß erweist sich bei näherem Hinsehen als wesentlich Widersprüchlicher, als dies aus der offiziellen Darstellung zu erkennen ist.

Höhergradige Stenosen, die zu einem Hindernis für den Blutfluß werden, induzieren gerade dadurch, daß sie den Blutfluß behindern, die Ausbildung von Umgehungsbahnen (»Kollateralen«) um die Verengung. Im menschlichen Herzmuskel ist genetisch die Anlage eines umfassenden Netzes an Querverbindungen zwischen den einzelnen Ästen einer Koronararterie und zwischen den Ästen der drei großen Herzkranzarterien angelegt. Im Fall einer höhergradigen Verengung in einer Koronararterie erweitern sich diese vorgeformten Gefäße, damit die Durchblutung des Herzmuskels nicht leidet. Insbesondere *Baroldi* aus Pisa hat diese Zusammenhänge in den sechziger und siebziger Jahren in umfangreichen Studien herausgearbeitet und präzisiert (*Baroldi & Scomazzoni*, 1967; *Baroldi*, 1971; *Baroldi*, 1978).

Von der Wirksamkeit der Kollateralen kann sich jeder KHK-Patient, also jeder Patient mit der Diagnose einer »koronaren Herzkrankheit« überzeugen. Wenn ihm als Resultat einer »Koronarangiographie«, der Katheter-Untersuchung seiner Kranzgefäße, eine oder mehrere Stenosen gezeigt werden, fällt auf, daß die Arterie nicht nur vor, sondern auch hinter der Verengung bis in die peripheren Verästelungen hinein im allgemeinen gut gefüllt ist. Offenbar wird die Durchblutung der Koronararterien durch die Stenosen häufig überhaupt nicht eingeschränkt. Dies überraschende Resultat ist Ausdruck von der guten Wirksamkeit der Kollateralen, der koronaren Umgehungsbahnen.

Zumindest im Ruhezustand erscheint die Durchblutung des Herzmuskels durch die arteriosklerotischen Verengungen der Kranzgefäße im Allgemeinen wenig beeinträchtigt. Ungeklärt ist, inwieweit die Umgehungskreisläufe um die Koronarstenosen im Bereich von Spitzenbelastungen ausreichende Blutmengen befördern können. Es ist anzunehmen, daß sich der maximale physische Leistungsbereich mit gesunden Herzkranzgefäßen weiter ausdehnen läßt als mit kollateral kompensierten Stenosen. Wichtiger ist, daß der Bereich alltäglicher Belastung durch die Kollateralen abgedeckt wird. Das läßt sich beispielhaft daran ersehen, daß der Verschluß eines operativ eingesetzten Bypassgefäßes zur Umgehung einer höhergradigen Stenose vom Patienten im allgemeinen nicht wahrgenommen wird. Wenn der Bypass seine Funktion aufgibt, und dies passiert gar nicht so selten, wird dies vom Patienten in der Regel nicht bemerkt, weil der Kollateralkreislauf, der sich mit Entwicklung der Verengung schon vor längerer Zeit herausgebildet hat, die Umgehung der Stenose zumindest so gut übernimmt wie der operativ eingepflanzte Bypass.

Die funktionelle Wirksamkeit der koronaren Verengungen ist also wesentlich ungeklärter als dies gemeinhin angenommen wird. Sehr viel Widersprüchliches enthüllt sich auch bei näherem Hinsehen auf Seiten des Streß. Bevor darauf näher eingegangen werden soll, ist es unumgänglich, den ungewohnten Begriff der »Ischämie« kurz einzuführen. »Ischämie«, sprich »Is-chämie«, bedeutet Blutleere, Minderdurchblutung. Dem Herzanfall und dem Herzinfarkt liegen Zustände von kritischer Minderdurchblutung im Herzmuskel zugrunde. Diese können im Elektrokardiogramm (EKG) präzise erfaßt werden, man spricht dabei von Ischämie-Zeichen.

Wie man aus den Langzeit-EKG-Aufzeichnungen gelernt hat, verlaufen etwa 3/4 aller »ischämischen Episoden« stumm, d. h., daß die im EKG zweifelsfrei erkannte Ischämie vom Patienten nicht wahrgenommen wurde. Nur etwa 1/4 aller ischämischen Episoden sind eigentliche Herzanfälle, Phasen von »Angina pectoris«, die vom Patienten mit Schmerzen und Beklemmungsgefühl im Brustkorb erlebt werden. Beim Herzanfall löst sich die kritische Minderdurchblutung nach einigen Minuten wieder auf, ohne bleibende Schäden zu setzen. Beim Herzinfarkt mündet die Ischämie in eine Dauerschädigung des Herzmuskels. Die vorübergehenden »ischämischen Episoden« und der Herzinfarkt werden zusammen als »ischämische Herzkrankheit« bezeichnet. Vereinfacht spreche ich auch von der Infarktkrankheit.

Zurück zum Streß. Seit Anfang der achtziger Jahre ist bekannt, daß die Auslösung eines Herzanfalls, einer ischämischen Episode, im täglichen Leben nur selten mit einer gesteigerten Herzfrequenz verbunden ist. Streß, sympathische Erregung treibt die Puls- oder Herzfrequenz in die Höhe. Genau diese Steigerung der Herzfrequenz und die damit verbundene Steigerung des Sauerstoffverbrauchs im Herzmuskel gilt, in Verbindung mit koronaren Stenosen, als Auslöser der Angina pectoris. Damals ist gezeigt worden, daß der überwiegende Teil der Herzanfälle, genau gesagt, daß knapp 80% der im EKG entdeckten ischämischen Episoden unter Alltagsbedingungen ohne nennenswerte vorausgehende Anstiege der Herzfrequenz auftreten. Die Herzfrequenz zum Zeitpunkt der Anfallsauslösung unterscheidet sich in der Regel nicht vom sonstigen Tagesverlauf. Derartige Pulsfrequenzen treten im allgemeinen auch sonst noch wiederholt auf, ohne mit Ischämien einherzugehen (*Deanfield* et al., 1983; *Chierchia* et al., 1984).

Die Auslösung eines Herzinfarkts durch Streß muß ebenfalls als Ausnahme angesehen werden. In zwei ausführlichen Studien zeigte *Master* (1939 und 1960), daß nur etwa 2% der akuten Herzinfarkte mit ungewöhnlicher oder schwerer physischer bzw. psychischer Belastung auftreten. Bei der Auslösung von Herzanfall und Herzinfarkt ist Streß offenbar nur selten beteiligt. In der von mir in diesem Buch vorgelegten Analyse zum Einfluß des autonomen Nervensystems auf die ischämische Herzkrankheit wird deutlich, daß der Sympathikus und damit die Streßreaktion nur eine untergeordnete Rolle bei der Infarktkrankheit spielt.

Die vielfältigen Bindeglieder zwischen Psyche und Körper sind von der Wissenschaft bisher erst sehr unvollständig erschlossen worden. An der Mittlerrolle des autonomen oder vegetativen Nervensystems, von Sympathikus und Parasympathikus besteht kein Zweifel. Nach der von mir durchgeführten Analyse spielt eine Schwäche der parasympathischen Herzeinflüsse eine wichtige Rolle bei der Entstehung eines Infarkts. Inwieweit weitere Mediatoren, zum Beispiel auch immunologische Prozesse in der Psychosomatik des Herzinfarkts von Bedeutung sind, soll die zukünftige Forschung zeigen.

Wer oder was ist der Vagus?

Der Sympathikus ist als Begriff jedermann geläufig. Streß ist mit sympathischer Erregung verknüpft. Eine Steigerung der sympathischen Nervenaktivität ist eingebunden in einen Reaktionskomplex, der mit Anspannung, Leistung, Kampf oder Flucht zu tun hat. Gegenspieler des sympathischen Systems ist das parasympathische Nervensystem. Dieses dient der Entspannung, Ruhe und Regeneration.

Diese polaren Funktionskomplexe, verkürzt gesagt, die Dynamik von Anspannung und Entspannung, werden unter anderem im Hypothalamus, einer wichtigen Struktur im Zwischenhirn gesteuert. Hier ist die Führungsebene des gesamten vielstöckigen autonomen Nervensystems angesiedelt. Die hypothalamischen Strukturen sind eng mit dem limbischen System vernetzt. Das limbische System spielt eine zentrale Rolle bei der Regulation von Affekten und Emotionen.

Bei näherer Betrachtung erweisen sich der Sympathikus wie der Parasympathikus als hochkomplexe Systeme mit vielfältigen, im Detail auch heute noch nicht ganz abgeklärten Interaktionen. Für die Lektüre dieses Buches ist wichtig, daß die parasympathische Versorgung des Herzens ausschließlich von einem bestimmten Hirnnerven, dem Nervus vagus, bestritten wird. Die Kerngebiete des Vagus liegen in der »Medulla oblongata«, (verlängertes Rückenmark), sozusagen der letzten Station des Stammhirns vor Verlassen der Schädelgrube, in unmittelbarer Nachbarschaft von Kreislauf- und Atemzentrum.

Die Wissenschaft war schon immer daran interessiert, die gegensätzlichen sowie einander ergänzenden Wirkungen von sympathischer und vagaler Herzaktivität präzise zu erfassen. Lange Zeit war die pharmakologische Ausschaltung der sympathischen und/oder der vagalen Aktivität Grundlage dieser Forschung. Zweifellos ein eingreifendes Verfahren mit engen Anwendungsmöglichkeiten. Die Entwicklung der Computer-Technologie hat Ende der achtziger Jahre ein anderes absolut schonendes Verfahren zur Reife gebracht: Die Analyse der Herzfrequenz-Variabilität.

Die Herzschlagfolge ist nie ganz konstant. Die Schlag-zu-Schlag Differenzen bewegen sich im Bereich von Millisekunden. Dieser natürlichen

Unregelmäßigkeit in der Herzschlagfolge liegen bestimmte Rhythmen zugrunde. Der wichtigste ist der Atemrhythmus: Einatmen beschleunigt den Puls, Ausatmen verlangsamt den Puls. Die atemsynchronen Pulsschwankungen werden vom Vagus gesteuert. Das Ausmaß dieser Schwankungen ist deshalb ein Maß für den aktuellen Vagustonus, die Vaguskraft oder die Stärke der vagalen Kreislaufaktivität.

Die Analyse der Herzfrequenz-Variabilität oder Heart Rate Variability, daher die Abkürzung HRV, ist eine sehr vielschichtige Angelegenheit. Mit dieser Methode ist es möglich geworden, durch die computergestützte Auswertung von 24-Stunden-EKGs sehr präzise Auskünfte zur vagalen Herzaktivität zu erhalten. Die sympathische Aktivität läßt sich mit Hilfe dieser Methodik gut abschätzen.

Der Vagus in der Herzforschung

Die HRV-Analyse fand 1987 Eingang in die kardiologische Forschung. Damals veröffentlichten *Kleiger* und Mitarbeiter aus St. Louis, Missouri eine Studie, in der sie bei Infarktpatienten nach Verlassen der Intensivstation und vor Krankenhausentlassung, im Durchschnitt knapp 2 Wochen nach Auftreten eines Infarkts, aus einem Langzeit-EKG das Ausmaß der Herzfrequenz-Variabilität bestimmt hatten. Das weitere Schicksal dieser gut 800 Patienten wurde prospektiv über die nächsten 2 1/2 Jahre verfolgt. Es zeigte sich erstmals in einer groß angelegten Studie, daß eine Abnahme der Herzfrequenz-Variabilität und damit eine Schwäche des Vagusaktivität in der Frühphase nach einem Infarkt eng mit dem kardialen Sterberisiko verknüpft ist. Je größer die Vagusschwäche in der Zeit nach einem Infarkt, desto größer das Risiko dieser Patienten, in den Folgejahren am Herztod zu sterben. Dieser Zusammenhang bestand unabhängig vom Zustand des Herzmuskels, also unabhängig vom Ausmaß des Schadens, den der betreffende Herzmuskel erlitten hatte.

Da damals bekannt war, daß der Vagus einen bedeutenden Einfluß auf die Auslösung von Herzrhythmusstörungen hat, erklärte die Wissenschaft dieses Resultat mit der Annahme, daß durch die Vagusschwäche offenbar vermehrt tödliche Rhythmusstörungen ausgelöst worden seien. Anfang der Neunziger sind die Ergebnisse von *Kleiger* in mehreren epidemiologischen Studien bestätigt und präzisiert worden. Tatsächlich fanden sich bei Patienten mit deutlich eingeschränkter HRV nach akutem Infarkt in der Folgezeit gehäuft lebensbedrohliche Herzrhythmusstörungen. Die Verstorbenen waren jedoch keineswegs nur ihren Rhythmusstörungen erlegen, sondern ein beträchtlicher Teil war in der Folge an einem erneuten Herzinfarkt verstorben.

Das weist auf einen möglichen Zusammenhang zwischen eingeschränkter Vagusaktivität und der ischämischen Herzkrankheit hin. Ein solcher Zusammenhang zwischen einer Schwäche des Vagus und dem Herzinfarkt wurde von der Wissenschaft jedoch nicht weiter verfolgt. Herzanfall und Herzinfarkt werden praktisch ausschließlich als Manifestationen einer koronaren Herzkrankheit aufgefasst. Das Ausmaß der jeweiligen Vagusschwäche hatte sich zwischenzeitlich nicht nur als unabhängig vom Zustand des Herzmuskels, sondern auch als unabhängig vom Zustand der Koronararterien erwiesen. Das war der Grund, warum die HRV-Analyse in der wissenschaftlichen Kardiologie durchaus florierte, sich mit Herzrhythmusstörungen, Herzschwäche, Herztransplantation und vielem anderem mehr beschäftigte, einen Einfluß der Vagusaktivität auf Angina pectoris und Herzinfarkt jedoch ausblendete.

So fand sich in einer Bestandsaufnahme der wichtigsten Forschungsgruppen zur HRV-Analyse 1995 kein Wort zum Einfluß von reduzierter Vagusaktivität auf die Auslösung von Ischämie und Infarkt (*Task Force*, 1995). 1998 erwähnt der Vorsitzende dieser Task Force, *Malik* aus London, in einer Übersichtsarbeit über den aktuellen Stand der HRV-Analyse lediglich zwei »solitary studies« zum Zusammenhang von reduziertem Vagus und ischämischen Episoden. Etwas mehr war nun doch schon passiert. Das kardiologische Establishment hatte dafür offenbar keine offenen Ohren. Unter anderem war von uns zwischenzeitlich gezeigt worden (*Sroka* et al., 1997), daß dem Auftreten eines Herzanfalls, genauer dem Auftreten ischämischer Zeichen im EKG in den meisten Fällen ein drastischer Abfall der Vagusaktivität unmittelbar vorausgeht. Diese vorübergehende beinahe vollständige Aufhebung der vagalen Herzaktivität mußte als Ursache für die Auslösung der Ischämien, der Herzanfälle angesehen werden.

Meine Untersuchung zur Rolle des Vagus beim Herzinfarkt

Noch einmal: Die Fixierung der Wissenschaft auf die koronare Entstehung des Herzinfarkts, nach der die arteriosklerotischen Verengungen der Herzkranzgefäße im absoluten Zentrum des Interesses stehen, hat die betriebsame kardiologische Forschung daran gehindert, die Beziehung zwischen reduzierter Vagusaktivität und der ischämischen Herzkrankheit systematisch zu untersuchen. Da brauchte es tatsächlich jemanden, der sich die Infarktentstehung entgegen der zementierten schulmedizinischen Auffassung auch unabhängig von einer zentralen Rolle der Kranzgefäße vorstellen konnte, um diese Zusammenhänge abzuklären und auf den Punkt zu bringen.

Für die vorliegende Arbeit habe ich die gesamte wissenschaftliche Literatur zur HRV-Analyse bei Ischämie und Herzinfarkt gesichtet, die Einzelarbeiten methodisch bewertet und die Ergebnisse zusammengefaßt. Ich habe dabei keine Auswahl getroffen, sondern war froh über jede Studie, die ich zu dieser Thematik finden konnte. Je länger ich mit dieser Arbeit beschäftigt war, desto deutlicher kristallisierte sich eine Reihe von klaren Aussagen heraus, die im nächsten Abschnitt zusammengefaßt werden sollen. Durch diese systematische Untersuchung konnte die Bedeutung der Vagusschwäche für Ischämie und Herzinfarkt präzisiert werden. Die entscheidende Mittlerrolle, die reduzierter vagaler Aktivität zwischen Psyche und Organprozeß im Herzmuskel zukommt, konnte somit erstmals in umfassender Form dargestellt werden.

Verständlicherweise blieb ich an diesem Punkt nicht stehen, sondern versuchte, die beiden Fragen, die sich an eine derartige Mittlerrolle anschließen, ebenfalls so gut wie möglich zu beantworten. Zum einen stellte sich die Frage, inwieweit eine Abschwächung der vagalen Herzaktivität eine Ischämie, also eine Minderdurchblutung oder gar Blutleere im Herzmuskel auslösen kann. Dazu konnte ich ein schlüssiges Konzept vorlegen, das allerdings einer Bestätigung durch die Wissenschaft harrt. Zum anderen stellte sich die Frage, inwieweit der Vagus in psychische Abläufe eingebunden ist. Die Untersuchung dieser Zusammenhänge brachte derart interessante Resultate zutage, daß ich mir erlaubte, eine These zum psychosomatischen Prozeß beim Herzinfarkt zu formulieren und soweit wie möglich zu untermauern.

Dieser Riesenarbeit unterzog ich mich im Rahmen der »Statuskonferenz Psycho-Kardiologie«. In dieser Konferenz haben sich unter der Federführung von *J. Jordan* aus Frankfurt seit Ende 1998 die führenden Experten deutscher Sprache für die Psychosomatik der Herz-Kreislauferkrankungen zusammengetan. Ziel dieser Konferenz ist eine Ist-Beschreibung (»Status«) dessen, was an gesicherten Aussagen zur Psycho-Kardiologie gegenwärtig möglich ist. Mein Auftrag im Rahmen dieser Konferenz bestand darin, eine Expertise zur Bedeutung der Vagusschwäche für die koronare Herzkrankheit zu erstellen. Ich präsentierte meine Arbeit auf der 5. Statuskonferenz im Dezember 2000. Die Konferenzteilnehmer werteten meine Vorlage durchweg als »spannende Streitschrift« für die von mir vertretenen Thesen. Kritik im Detail blieb nicht aus. Indem ich mich jedoch auch auf das Feld hypothetischer Zusammenhänge und weiterführender Thesen begeben hatte, hatte ich mit meiner Arbeitsvorlage den selbstgewählten Rahmen der Statuskonferenz überschritten, die sich in ihren Aussagen bewußt auf das absolut Gesicherte beschränken will. Eine Neufassung meiner Vorlage für die »Statuskonferenz«, die diesem Rahmen entspricht und in der den methodischen Aspekten noch mehr Raum gegeben werden soll, ist in Vorbereitung. Aus meinem Interesse heraus, die von mir gefundenen Aussagen zur Psychosomatik des Herzinfarkts einem breiteren Publikum, betroffenen Patienten und auch deren Ärzten zugänglich zu machen, ist schließlich dieses Buch entstanden.

Vagus und Herzinfarkt

In diesem Kapitel sollen die wesentlichen Aussagen, die sich aus meiner Analyse zur Rolle des Vagus bei der Infarktkrankheit ergeben haben, dargestellt werden. Es wird in diesem Abschnitt weitgehend darauf verzichtet, die einzelnen Aussagen zitatmäßig zu belegen, denn die komplette Analyse ist im Anhang abgedruckt. Es ist ratsam, vor der Lektüre dieses Kapitels die Einführung in den Anhang zu lesen (S. 77). Dort wird die HRV-Methodik kurz und allgemeinverständlich dargestellt. Weiterhin werden einige statistische Begriffe an dieser Stelle kurz erläutert. Schließlich sei auf das Glossar am Ende des Buches verwiesen, in dem die Fachausdrücke alphabetisch aufgelistet kurz erklärt werden.

Vagus und koronare Herzkrankheit (KHK)

Bei KHK-Patienten findet sich regelmäßig eine deutliche Schwäche der Vagusaktivität. Der Vagustonus, die zentral vom Gehirn aus gesteuerte Vagusaktivität, ist bei KHK-Patienten im chronischen Zustand, also dauerhaft um etwa 1/3 abgesenkt. In akuten Phasen, in denen sich die Herzanfälle häufen, finden sich weitere drastische Absenkungen der Vagusaktivität auf stark eingeschränkte Niveaus.

Abbildung 2, im Anhang auf Seite 91 zu finden, gibt ein auschauliches Beispiel für die annähernde Pulsstarre bei KHK-Patienten während tiefer Atemzüge. Die Variation der Puls- bzw. Herzfrequenz mit der Atmung ist ein Maß für den aktuellen Vagustonus. Dieses einfache Beispiel demonstriert sehr anschaulich die Vagusschwäche bei KHK-Patienten.

Die Herabsetzung des Vagustonus besteht unabhängig vom Zustand der Herzkranzgefäße, also unabhängig von den koronarsklerotischen Verengungen und auch unabhängig vom Zustand des Herzmuskels. In zwei großen epidemiologischen Studien erwies sich das Ausmaß der Vagusschwäche zu einem Zeitpunkt, an dem noch keinerlei Zeichen für eine Koronarsklerose vorhanden waren, als prognostisch bedeutungsvoll für das weitere Leben. Je stärker die Abschwächung der Vagusaktivität vor Beginn arteriosklerotischer Veränderungen der Kranzgefäße, desto größer war das Risiko, in den Folgejahren einen Herzinfarkt oder Herztod zu erleiden. Das mit der Vagusschwäche verbundene Infarktrisiko kann demnach nicht Folge der Koronarsklerose sein. Im Gegenteil, die Schwäche bzw. Blockierung der Vagusaktivität ihrerseits besitzt einen unabhängigen prägenden Einfluß auf Auftreten und Verlauf der ischämischen Herzkrankheit.

Die Vagusschwäche bei koronarer Herzkrankheit beruht vor allem auf einem Ausbleiben der nächtlichen Erholung des Vagustonus. Gleichzeitig leidet die Aktivität des Gegenspielers, des Sympathikus. Die sympathische Tagesaktivität ist ebenfalls deutlich abgeschwächt. In Abbildung 3 (S.97) kommt dies anschaulich zur Darstellung. HF Power steht für Vagustonus, LF Power in dieser speziellen Abbildung (in normalized units) für den Sympathikus. (Generell ist eine solche Gleichsetzung von LF und Sympathikus nicht richtig). Die Aktivität von Vagus und Sympathikus ist bei KHK-Patienten deutlich gestört. Es findet sich eine ausgeprägte Schwäche sowohl des Vagus wie des Sympathikus, eine annähernde Regulationsstarre für beide Äste des autonomen Nervensystems. Die Tag-Nacht-Rhythmik verschiedenster Körperfunktionen wird im Zwischenhirn, im Hypothalamus, gesteuert. Dort ist auch die Führungsetage des autonomen oder vegetativen Nervensystems angesiedelt. Aus der weitgehenden Aufhebung der vegetativen Rhythmik ist deshalb zu schließen, daß die Ursache für die Vagusschwäche bei koronarer Herzkrankheit auf einer Schwäche der zentralen parasympathischen Steuerungskraft im Zwischenhirn beruht.

Vagus und Herzanfall/Infarkt

Eine chronische Reduktion des Vagus ist ein Charakteristikum der KHK. Akute Abschwünge der Vagusaktivität auf hochgradig reduzierte Werte sind eng mit der Auslösung der Herzanfälle, der Ischämien, verbunden. Nach den vorliegenden Daten werden etwa 80% der Ischämien durch akute Blockierungen des Vagus ausgelöst. Diese akuten Blockaden sind in der Regel in länger anhaltende Abschwungbewegungen der Vagusaktivität während der letzten 10 bis 60 Minuten vor Anfallsauslösung eingebettet.

In Abbildung 4 (S. 104/105) finden sich hierfür 3 Beispiele. Der »wMSD« ist der Marker der Vagusaktivität. Abweichungen im »ST-Verlauf« im EKG, im allgemeinen Senkungen, gelegentlich auch Hebungen kennzeichnen den Anfall, das ischämische Ereignis.

Abbildung 5 (S. 106) illustriert den gleichen Zusammenhang. Als Grundmuster der im täglichen Leben auftretenden Ischämien findet sich ein kontinuierlicher Abfall des Vagustonus während der vorangehenden 60 Minuten, der sich in den letzten Minuten vor Anfallsauslösung deutlich zuspitzt.

Steigerungen der Herzfrequenz ohne begleitende Blockierungen des Vagus führen nicht zur Anfallsauslösung. Als entscheidendes Agens der Ischämieauslösung ist in der überwiegenden Mehrzahl der Fälle eine vorübergehende akute hochgradige Reduktion des Vagus anzusehen.

Sympathische Aktivitätssteigerungen begleiten den Abschwung der Vagusaktivität vor der Auslösung einer Ischämie vorzugsweise nachts aus dem Traum heraus, tagsüber eher als Ausnahme. Die Höhe der Herzfrequenz zum Zeitpunkt der Ischämieauslösung liegt dementsprechend im allgemeinen auf einem durchschnittlichen alltäglichen Frequenzniveau.

Wenn die Herzanfälle sich häufen, wenn eine stabile in eine instabile Angina übergeht, ist die Abschwächung der Vagusaktivität besonders stark ausgeprägt. Die Reduktion des Vagustonus bei instabiler Angina erwies sich in mehreren Studien als wichtiger prognostischer Marker für das weitere Schicksal der Patienten. Eine anhaltende hochgradige Vagusschwäche war mit schlechter Prognose, mit anhaltenden Beschwerden und dem Auftreten schwerer kardialer Ereignisse (Herzinfarkt, plötzlicher Herztod) verbunden. Eine Anhebung des Vagustonus bei instabiler Angina signalisierte einen günstigen Verlauf.

Die hochgradigen Blockaden der Vagusaktivität, die dem Infarkt vorausgehen, finden sich unvermindert auch noch in der Frühphase nach einem akuten Herzinfarkt. Das Ausmaß der Vagusschwäche nach Verlassen der Intensivstation und vor Krankenhausentlassung, ist von stärkster Aussagekraft für das kardiale Sterberisiko in den Folgejahren. Je stärker die Absenkung der Vagusaktivität in diesen Tagen, desto größer das Risiko, in den Folgejahren am Herztod zu sterben.

Wenn ein akuter Myokardinfarkt überlebt wird, erholt sich die Vagusaktivität im allgemeinen innerhalb von etwa drei Monaten und erreicht dann wieder das chronisch reduzierte Ausgangsniveau.

Wie eine akute Ischämie in eine akute wellentalförmige Bewegung des Vagus eingebunden ist, so ist das Auftreten eines Infarkts mit einer ähnlichen Vagusbewegung verbunden: Zunehmender starker Abschwung in der Zeit vor dem Infarkt, anhaltende Blockierung während der Akutphase und Regeneration auf das reduzierte Ausgangsniveau in den folgenden Monaten. Das Lebensschicksal der Infarktpatienten ist eng mit der Bewegung des Vagus verknüpft.

Von der Vagusschwäche zur Durchblutungsstörung im Herzmuskel

In meiner Arbeitsvorlage für die Statuskonferenz habe ich ein Konzept vorgestellt, das die Entwicklung einer Ischämie im Herzmuskel als Folge einer Vagusschwäche erklärt. Die Quintessenz dieses Konzepts soll kurz erläutert werden.

Für den Mediziner muß ein Satz vorausgeschickt werden. Die früher vertretene Meinung, daß der Vagus nur die Herzvorhöfe und nicht die Kammern erreicht, ist zwischenzeitlich widerlegt worden. Auch die Herzkammern werden ausreichend mit parasympathischen Fasern versorgt, deren funktioneller Einfluß auf die Kammertätigkeit gesichert ist (*Barber et al.*, 1984; *Chilson et al.*, 1985; *Löffelholz & Pappano*, 1985; *Takahashi et al.*, 1985).

Zu meiner These: Die Abschwächung der Vagusaktivität bei chronischer KHK beruht vor allem auf einer weitgehenden Aufhebung der nächtlichen Erholung des Vagustonus. Ich gehe davon aus, daß die fehlende nächtliche Regeneration für den Herzmuskel nicht ohne Folgen bleibt und postuliere, daß sich im Laufe der Zeit im Herzmuskel (Myokard) eine Tendenz zur Azidose, zur Übersäuerung herausbildet. Denn der Vagus bremst die Stoffwechselvorgänge und verhindert damit die Anhäufung saurer Stoffwechselendprodukte im Herzmuskel. Diese Überlegung, so logisch sie klingt, ist eine Hypothese, eine bisher nicht bewiesene These. Leider hat sich die Wissenschaft noch nicht mit den Auswirkungen der Vagusschwäche auf den Herzmuskel befasst. Deshalb gibt es auch noch keine Belege für die Entwicklung einer myokardialen Azidose als Folge einer Vagusschwäche.

Es ist gesichert, daß eine Azidose die Herzmuskelkraft schwächt. Die Azidose wird dort am stärksten sein, wo die Stoffwechselaktivität des Herzmuskels am größten ist, in der linken Herzkammer und dort vorzugsweise in bestimmten Schichten und Regionen. In diesen Arealen droht am ehesten die Gefahr des Muskelversagens durch eine ausgeprägte Azidose. Wenn der Muskeltonus in umschriebenen Regionen nachgibt, resultiert eine Überdehnung der Muskulatur mit der Folge, daß das Blut durch die mit großer Druckentwicklung verbundene Herzarbeit aus diesem Areal herausgepreßt wird. Es entwickelt sich eine umschriebene Minderdurchblutung oder gar Blutleere, also eine Ischämie im Herzmuskel. So meine These zur Ischämieentstehung als Resultat einer hochgradigen Vagusschwäche.

Im allgemeinen löst sich eine Ischämie im Herzmuskel nach wenigen Minuten wieder auf. Bei größeren Ischämien, wenn größere Muskelareale plötzlich überdehnt werden, ist dies nicht ohne Konsequenzen für die zuführende Koronararterie. Jede Pulswelle, die dieses Gebiet mit Blut versorgen möchte, stößt plötzlich auf einen Widerstand, eine Sperre. Dementsprechend resultieren relativ abrupte Druckerhöhungen in diesen Arterien. Solche Druckerhöhungen können zu Einrissen in der Gefäßwand oder zum Aufbrechen arteriosklerotischer Plaques führen. Der dadurch ausgelöste (spastisch-thrombotische) verschließende Gefäßprozeß kann zur Fixation der Ischämie führen und aus einer vorübergehenden Blutleere eine dauerhafte machen. Dann resultiert als Konsequenz der Untergang von Herzmuskelgewebe, ein Herzinfarkt.

Nach dem von mir entwickelten Modell liegt das Primat der Ischämie- und Infarktentstehung in der Vagusschwäche. Koronare Prozesse sind sekundär mit der Infarktentstehung verbunden. Verschließende Gefäßprozesse sind immer dann von Bedeutung, wenn sie durch Einrisse in die bis dahin intakte Gefäßwand ausgelöst werden bzw. durch das Aufbrechen geringfügiger Gefäßstenosen, die den Blutfluss noch nicht beeinträchtigen und deshalb noch nicht zur Ausbildung eines Umgehungskreislaufs geführt haben. Der Verschluß hochgradiger und damit kollateral kompensierter Stenosen bleibt im wesentlichen folgenlos. Im Fall einer durch Vagusschwäche ausgelösten Ischämie droht Gefahr insbesondere von den geringfügigen Gefäßveränderungen.

Vagus und Risikofaktoren des Herzinfarkts

Die HRV als Maß des Vagustonus nimmt mit zunehmendem Alter kontinuierlich ab (*Shannon et al.*, 1987; *Schwartz et al.*, 1991; *Yeragani* et al., 1997). Frauen verfügen im Durchschnitt über einen stärkeren Vagus als Männer (*Yamasaki et al.*, 1996).

Eine Fülle an wissenschaftlicher Literatur belegt, daß die primäre Form des Bluthochdrucks, die »essentielle Hypertonie« und auch der Diabetes, die Zuckerkrankheit, mit Reduktionen der HRV einhergehen. Bei diesen beiden wichtigen Risikofaktoren des Herzinfarkts findet sich also genauso wie beim Infarkt selber eine Funktionsschwäche des Vagus. Die Tag-Nacht-Rhythmik von Sympathikus und Parasympathikus ist bei diesen beiden Krankheitsbildern ebenfalls weitgehend aufgehoben. (Siehe Abbildung 8, S. 129/130) Daraus ist zu schließen, daß die Vagusschwäche in allen drei Fällen, der Hypertonie, dem Diabetes und der Infarktkrankheit auf einer gemeinsamen Ursache, und zwar auf einer Funktionsschwäche der zentralen parasympathischen Steuerungskraft im Zwischenhirn beruht. Eine Schwäche des zentralen Ruhe- und Entspannungspols disponiert offenbar mit erhöhtem Blutdruck und mit gesteigerter Energiebereitstellung in Form von erhöhtem Blutzucker zu chronisch gesteigerter Leistungsbereitschaft.

Reduktionen der HRV als Ausdruck abgeschwächter zentraler parasympathischer Steuerungsimpulse gehen auch mit erhöhten Cholesterinwerten einher (*Kupari et al.*, 1993; *Christensen et al.*, 1999) und scheinen den arteriosklerotischen Prozeß zu stimulieren (*Huikuri et al.*, 1999).

Körperliches Ausdauertraining steigert die HRV, sitzende Lebensweise schwächt den Vagus (*Goldsmith et al.*, 1992; *Dixon et al.*, 1992; *Sacknoff et al.*, 1994; *Molgaard et al.*, 1991). Starkes Rauchen senkt die HRV (*Hayano et al.*, 1990b; *Stein et al.*, 1996; *Yotsukura et al.*, 1998; *Minami et al.*, 1999).

Die wichtigsten gesicherten Risikofaktoren des Herzinfarkts: Alter, männliches Geschlecht, Bluthochdruck, Diabetes, Fettstoffwechselstörungen, Bewegungsmangel und Zigarettenrauchen sind sämtlichst mit abgeschwächtem Vagustonus verbunden.

Schließlich sei erwähnt, daß nach der Untersuchung von *Appels & Schouten* (1993) erschöpftes Erwachen als Risikofaktor des Herzinfarkts anzusehen ist. In diesem Symptom kommt die Blockade nächtlicher parasympathischer Regeneration anschaulich zum Ausdruck.

Vagus und Streß

Die gängige Vorstellung, daß eine Zunahme der Pulsfrequenz stets auf einer Steigerung sympathischer Herzaktivität beruht, ist nicht richtig. Im Ruhezustand steht das Herz praktisch vollständig unter der Herrschaft des Vagus. Alltagsbelastungen in einem Frequenzbereich zwischen etwa 60 - 100 Schlägen/Minute werden vorzugsweise durch Rücknahme der starken Ruheaktivität des Vagus reguliert. Die Anstiege der Herzfrequenz im Alltagsstreß beruhen primär auf einer Abnahme der Vagusaktivität ohne Beteiligung des Sympathikus. Erst im oberen Leistungsbereich, ab einer Frequenz von ca. 100 Schlägen/Minute, sozusagen bei richtigem Streß, schaltet sich der Sympathikus hinzu.

Chronischer Alltags-Streß/Disstreß führt zu chronischer Reduktion der Vagusaktivität. Gleichzeitig leidet die sympathische Reaktivität. Es hat den Anschein, als ob chronischer Disstreß die gleichen Störungen der vegetativen Steuerung induziert wie sie bei der ischämischen Herzkrankheit angetroffen werden: Eine Schwäche beider Steuerungspole, des sympathischen wie des parasympathischen.

Vagus und der emotionale Bereich

Die HRV-Analyse hat frühzeitig Eingang in die Kinderheilkunde gefunden. Die Analyse der Herzfrequenz-Variabilität hat sich von großem Nutzen erwiesen in der Diagnostik und Therapie unreifer Frühgeborener. Aus der wissenschaftlichen Begleitung dieser Kinder im weiteren Verlauf ihres Lebens ergaben sich interessante Einblicke in die Entwicklung des Vagustonus im Rahmen der körperlich-seelischen Reifung. Daraufhin untersuchten mehrere Forschergruppen systematisch die Zusammenhänge zwischen der Entwicklung der Vagusaktivität und der geistigen, der emotionalen und sozialen sowie der körperlichen Entwicklung im Kindesalter.

Die kinderpsychologische Forschertätigkeit hat ergeben, daß die Entwicklung der Vagusaktivität integraler Bestandteil der sozio-emotionalen Entwicklung eines Menschen ist. Die Lebendigkeit der Emotionalität ist die entscheidende Kraft für die Entwicklung des Vagustonus. Stabilität in der emotionalen Selbstregulation, Zulassen der Gefühle, Lebhaftigkeit des Gefühlsausdrucks, Öffnung gegenüber anderen Menschen stimulieren den Vagustonus und die vagale Reaktivität. Eine gelungene Kindheitsentwicklung in emotionaler und sozialer Hinsicht hat einen hohen basalen Vagustonus zur Folge. Die vielfältigen Störungen der kindlichen Gefühls- und Beziehungsentwicklung resultieren schon in Kindheitstagen in deutlicher Herabsetzung des Vagustonus.

Das Spannungsfeld von emotionaler Entfaltung und emotionalem Verschließen ist von bestimmendem Einfluß auf den Vagustonus. Die Metapher einer sich öffnenden und verschließenden Blüte bietet sich an. Öffnung gegenüber der eigenen Gefühlswelt, von emotionaler Offenheit getragene zwischenmenschliche Beziehungen entwickeln die Kraft des Vagus. Unterdrückung der Emotionen, Beziehungsarmut oder innerer Rückzug unterdrücken den Vagus.

Im übrigen korreliert ein hoher basaler Vagustonus in Kindheit und Jugend nicht nur mit einer gelungenen sozio-emotionalen Entwicklung, sondern auch mit besserer kognitiver Leistungsfähigkeit und mit einem besseren körperlichen Gesundheitszustand.

Vagus und der psychosomatische Prozeß beim Herzinfarkt

Die HRV-Analyse hat ergeben, daß eine Vagusschwäche zum Herzinfarkt disponiert. Die psychosomatische Forschung hat deutlich gemacht, daß die Entwicklung des Vagustonus integraler Bestandteil der sozio-emotionalen

Entwicklung eines Menschen ist. Daraus leitet sich zwangsläufig die These ab, daß Entwicklungen, die mit chronischer Unterdrückung der Gefühlswelt und mit Beziehungsarmut verbunden sind, über das Bindeglied einer Vagusschwäche Auftreten und Verlauf der Infarktkrankheit beeinflussen.

Hier schließt sich der Kreis. Denn genau an diesem Punkt ist auch die neuere psychosomatische Infarktforschung angelangt. Meine These hat ihren Ausgangspunkt in der Mittlerrolle des Vagus zwischen Psyche und Herz. Die psychosomatische Infarktforschung untersucht die Zusammenhänge zwischen psychischen Merkmalen und der Infarktkrankheit. In beiden Fällen rückt ein sozio-emotionales Phänomen, inneres Verschließen, Gefühlsabwehr, sozialer Rückzug und Verarmung des Beziehungslebens als Ursache des Herzinfarkts ganz in den Vordergrund.

Der Vagus im Gesamtkonzert der Infarktentstehung

Nach meiner These disponiert eine Vagusschwäche zum Herzinfarkt und spielt eine wichtige Rolle im Verlauf der Krankheit. Die Vagusschwäche ist Ausdruck einer Funktionsschwäche des zentralen parasympathischen Steuerungspols im Zwischenhirn. Die parasympathische Zentrale unterliegt vielfältigen Einflüssen. Alter und Geschlecht sind von bestimmendem Einfluß auf den parasympathischen Tonus. Körperliche Aktivität, Streß und Verstädterung und die sozio-emotionale Sphäre modulieren die parasympathische Steuerungskraft.

Die parasympathische Zentrale steuert nicht nur mit Hilfe des Vagus die Herztätigkeit, sondern, in ständiger Koordination mit dem sympathischen Gegenpol, eine Vielzahl physiologischer Abläufe. Sie greift in die Regulation von Blutdruck, Blutzucker und Blutfetten ein. Sie koordiniert verschiedene hormonelle Steuerungsprozesse. Der Einfluß auf die komplexen Abläufe der Blutgerinnung oder auf immunologische Prozesse ist erst teilweise aufgedeckt. Jedenfalls ist die Vagusschwäche nur eine Solostimme, zweifellos eine gewichtige Solostimme in einem Gesamtkonzert gestörter Physiologie als Folge geschwächter parasympathischer Steuerungskraft.

Nach der von mir vertretenen Hypothese induziert eine chronische Vagusschwäche eine Azidose, eine Übersäuerungstendenz im Herzmuskel. Die Azidose schwächt die Muskelkraft und führt zu umschriebenem Herzmuskelversagen als Basis von Herzanfall und Herzinfarkt. Auch eine solche Azidose ist sicher nur ein markantes Phänomen eines umfassenden pathophysiologischen Prozesses.

Wenn man diese Azidose einmal in den Mittelpunkt stellt, als Fixpunkt nimmt, wird deutlich, in welchen Zusammenhängen die Vagusschwäche zum Infarkt disponiert. Koronare Stenosen bei unzureichenden Umgehungskreisläufen führen zur Sauerstoffnot und damit ebenfalls zur Übersäuerung des Herzmuskels in umschriebenen Arealen. Oxidativer Streß durch Abgase, Rauchen, fettreiche Ernährung, radioaktive Strahlung, usw. führt über eine Blockierung des NO-(Stickoxid)-Systems zu den gleichen Effekten in den Herzmuskelzellen wie eine Vagusschwäche (s. Anhang, Einführung, S. 78/79). Dementsprechend ist davon auszugehen, daß übermäßiger oxidativer Streß ebenfalls eine Übersäuerung im Herzmuskel induziert. Die Ernährung und die verschiedensten Medikamente sind zweifellos von Einfluß auf das »innere Milieu« des Körpers und damit auf den Grad der Azidose im Herzmuskel. Auch wenn in meiner Analyse die Vagusschwäche ganz im Mittelpunkt steht, ist es wichtig, dieses Phänomen im Gesamtprozeß schädlicher und schützender Einflüsse auf das Herz zu sehen.

Vagusschwäche im psychosozialen Zusammenhang

Vagusschwäche und Streß

Im Gefolge der Studentenbewegung Ende der sechziger Jahre erfuhren die Bemühungen, die gesellschaftliche Bedingtheit der Zivilisationskrankheiten aufzudecken, einen erheblichen Aufschwung. Die gesellschaftliche Dimension der »Infarktepidemie« war bis dahin zweifellos zuwenig beachtet worden. Aus diesem Grund wurde die rein somatische Orientierung hinsichtlich der Infarktentstehung bevorzugtes Objekt »linker« Kritik. Als Bindeglied zwischen den krankmachenden Einflüssen der Gesellschaft und der Entstehung eines Herzinfarkts figuriert seitdem der »psychosoziale Streß«. Die pathogenen Einflüsse der industriellen Arbeitswelt auf die Infarktgenese sind in den letzten Jahrzehnten in Konzepten vom »Job Strain« und vom »Chronischen Disstreß« näher präzisiert worden.

Basis aller Konzepte, die sich mit der krankmachenden Wirkung chronischer Streßbelastung befassen, ist die Streßreaktion. Um diese Konzepte und dabei speziell die Auswirkungen von chronischem Disstreß auf die autonomen Herz-Kreislauf-Regulationen näher beurteilen zu können, sollen zunächst Streß und Disstreß kurz charakterisiert werden.

Beim Streß handelt es sich um eine Reaktion, die immer dann erfogt, wenn jemand in eine Situation gerät, die zu besonderer Anstrengung herausfordert. Solche Situationen werden Stressoren genannt. Stressoren, deren Bewältigung ungewiß ist und von denen eine Bedrohung ausgeht, erzeugen besonders intensive und lang andauernde Streßreaktionen. Auf der Ebene emotionalen Erlebens gehen sie mit Gefühlen der Angst, des Ärgers, der Wut, womöglich der Verzweiflung einher. Auf der Ebene zentralnervöser Aktivierung werden sogenannte Streßachsen mobilisiert. Das sympathische Nervensystem wird in Alarmbereitschaft versetzt. Im Rahmen der Akut- oder Alarmreaktion werden Streßhormone, überwiegend Adrenalin, in geringerem Umfang Noradrenalin, aus dem Nebennierenmark freigesetzt. Bei chronischen Streßreaktionen werden längerfristige Leistungseinstellungen vorzugsweiese vom langsameren Kortison-System übernommen. Streßreaktionen, die mit negativen Gefühlen und intensiven neurophysiologischen Aktivierungen einhergehen, werden als Disstreßerfahrungen bezeichnet. (*Rugulies und Siegrist*, 1999).

In den Streß/Disstreß-Konzepten regiert der Sympathikus. Von Parasympathikus und Vagus ist selten die Rede.

Vagusaktivität bei der Streßregulation

Die im Anhang ausführlich dargestellten Untersuchungen machen deutlich, daß die Herz- oder Pulsfrequenz im unteren und mittleren Leistungsbereich ganz vorrangig durch eine Abnahme des Vagus gesteuert wird. Im oberen Leistungsbereich erfolgt die Steuerung der Pulsfrequenz einerseits durch weitere Abnahme des Vagus. Andererseits werden im Spitzenbereich sympathische Aktivitätssteigerungen zunehmend bedeutsam für die Frequenzbeschleunigung.

Der Anstieg der Pulsfrequenz bei der Ergometrie, beim Belastungs-EKG, ist ganz überwiegend auf eine Abnahme des Vagus zurückzuführen. Der belastungsinduzierte Anstieg der Pulsfreqenz, der gelegentlich zur Auslösung von Herzbeschwerden und Ischämien führt, ist vorrangig Ausdruck abgesenkter Vagusaktivität.

Mentale Streßbelastungen werden überwiegend ganz genau so durch Rücknahme des Vagus gesteuert. Reduktionen der HRV gelten geradezu als Indikator einer mentalen Streßbelastung.

Bei akutem Streß, in Situationen besonderer Anspannung, dominiert der Sympathikus. Der Alltag wird durch Variation des Vagus gesteuert. Dementsprechend führt chronische Streßbelastung zu chronischer Reduktion der Vagusaktivität ohne sympathische Aktivitätssteigerungen.

Vagus und Sympathikus bei chronischem psychosozialem Streß

Die sozialepidemiologische Forschung der letzten Jahrzehnte hat den Einfluß belastender Lebens- und Arbeitsumstände in der Industriegesellschaft auf die Infarktepidemie deutlich gemacht. Nach *Siegrist* (1996) ist das relative Risiko, bei Vorliegen chronischer Disstreßerfahrungen im Erwerbsleben einen Herzinfarkt zu erleiden, um etwa das Zwei- bis Dreifache erhöht gegenüber Personen, die frei von solchen Belastungen sind. Als Bindeglied zwischen der gesellschaftlichen Belastung und der Infarktkrankheit wird in der sozioepidemiologischen Forschung durchgehend chronischer Streß/Disstreß verbunden mit sympathischer Erregungssteigerung herausgestellt. Diese Annahme ist jedoch ein Irrtum.

Die HRV-Analyse hat deutlich gemacht, daß der Sympathikustonus bei ischämischer Herzkrankheit nicht chronisch erhöht, sondern chronisch erniedrigt ist. Auch im Prozeß der Ischämieauslösung spielt der Sympathikus nur eine untergeordnete Rolle.

Es konnte gezeigt werden, daß die sympathische Reaktivität bei Personen unter chronischer psychosozialer Streßbelastung nicht nur nicht gesteigert, sondern deutlich herabgesetzt ist (*Siegrist* et al., 1997). Es hat den Anschein, als ob der primäre Defekt, die Schwäche der zentralen parasympathischen Steuerung, zwangsläufig auch die sympathische Steuerung beeinträchtigt. Diese Zusammenhänge könnten sicherlich noch besser präzisiert werden, wenn die HRV-Analyse endlich systematisch in der Streßforschung eingesetzt würde.

Disstreß und Anerkennung

Das erste Modell zur Erfassung chronischer Disstreßbelastungen am Arbeitsplatz (Job Strain Model) wurde von *Karasek* und *Theorell* erarbeitet (1990). In diesem Modell sind chronische Disstreßerfahrungen am Arbeitsplatz in erster Linie das Resultat eines Zusammenwirkens hoher Anforderungen, vor allem durch Zeitdruck, und geringer Entscheidungsfreiheit, geringer Steuerungsmöglichkeiten angesichts vorgegebener Aufgaben.

Von *Siegrist* (1996) und Mitarbeitern wurde in den vergangenen Jahren ein weiteres Modell entwickelt und überprüft, welches fortgesetzte Disstreßerfahrungen im Erwerbsleben als Diskrepanz zwischen hoher beruflicher Verausgabung und geringer Belohnung (Modell beruflicher Gratifikationskrisen) definiert. In diesem Modell wird die berufliche Verausgabung des einzelnen nicht einfach als Reflex objektiver Arbeitsplatzanforderungen betrachtet, sondern als Produkt aus Anforderung und individueller Leistungsbereitschaft. Zudem wird die berufliche Verausgabung in Relation zu ihrem Lohn im weiteren Sinn (Einkommen, Anerkennung, beruflicher Status) gesetzt. Enttäuschte Belohnungserwartungen bei hoher beruflicher Verausgabung sind in diesem Modell der Kern fortgesetzter Disstreßerfahrungen.

In diesem Modell wird das »Job Strain Model« um zwei entscheidende Dimensionen erweitert, eine soziale und eine psychologische. Belohnungskrisen infolge blockierten Aufstiegs, unfreiwilliger Umsetzung oder Entlassung und sozialen Abstiegs werden in diesem Modell zentral gewichtet. Derartige Krisen betreffen die unteren sozialen Schichten stärker als die höheren. Derartigen Unsicherheiten sind die Menschen in Ländern mit einem raschen sozio-ökonomischen Wandel verstärkt ausgesetzt.

Dieses Modell schlägt eine Brücke zu den zwei wichtigsten Entwicklungstrends der »Infarktepidemie«. Der Herzinfarkt ist keine »Managerkrankheit«. Die unteren Sozialschichten sind von dieser Erkrankung wesentlich stärker betroffen als die höheren (*Marmot* et al., (1997). Während die Infarkthäufigkeit und die Todesrate an Herzinfarkt in den USA und in manchen west- und nordeuropäischen Ländern in den letzten zwei Jahrzehnten rückläufig ist, verzeichnen die Länder in Osteuropa und auch die industriellen Schwellenländer einen rasanten Anstieg sowohl der Häufigkeit als auch der Todesrate an Herzinfarkt (*Siegrist*, 1999).

In der epidemiologischen Studie von 1990, in der dieses Disstreß-Modell bei westdeutschen Industriearbeitern überprüft wurde, haben *Siegrist et al.* (1990) einen speziellen psychometrischen Test verwendet. 29 Punkte dieses Fragebogens bezogen sich auf eine Kategorie, die die Autoren mit »Immersion« bezeichnet haben. In »Immersion« verbindet sich das Bedürfnis nach Anerkennung mit erschöpfender, frustrierter und dennoch fortgesetzter Anstrengung. Das Charakteristikum »Immersion« war bei den Personen, die im 6-jährigen Studienverlauf einen Herzinfarkt erlitten bzw. am Herztod starben, deutlich stärker vertreten als in der restlichen Studienpopulation.

Immersion bedeutet nach lexikalischer Auskunft »Untertauchen, Eintauchen«. Tatsächlich taucht man mit der Verwendung einer Skala, die eine übersteigerte Verausgabungsneigung in Verbindung mit einem übersteigerten Bedürfnis nach Anerkennung mißt, aus der objektiven gesellschaftlichen Dimension in eine subjektive psychologische, vorzugsweise im Unterbewußten angesiedelte Dimension ein.

Übersteigertes Bedürfnis nach Anerkennung in Verbindung mit exzessiver Verausgabungsbereitschaft sind Charaktermerkmale, die im allgemeinen in der Kindheit geprägt werden. Gesteigertes Bedürfnis nach Anerkennung beruht häufig auf mangelnder Anerkennung und Liebe von Seiten der Eltern. Im Lebensplan dieser Menschen ist das Bestreben, die Liebe der Mutter oder die Anerkennung des Vaters zu erringen, offenbar tief verwurzelt. Das Mittel, durch Leistung Liebe zu erwerben, ist ein der Industriegesellschaft konformer verbreiteter Weg. Das Exzessive der Leistungsbereitschaft spricht für eine hohe Bedürftigkeit.

Bei Menschen, deren exzessive Leistungsbereitschaft mit einem übersteigerten Bedürfnis nach Anerkennung verknüpft ist, sind in der Wettbewerbsgesellschaft Niederlagen vorprogrammiert. Enttäuschungen, Frustrationen sind unausweichlich. Wenn die Antwort auf solche Niederlagen wiederum nur in erneuter Verausgabung liegt, wird sich irgendwann ein

Zustand hochgradiger depressiver Erschöpfung einstellen. In diesem Sinn ist von *Appels & Mulder* (1988) ein Syndrom vitaler Erschöpfung als Risikofaktor des Herzinfarkts herausgearbeitet worden.

Chronischer Disstreß und Depression der Vagusaktivität

Chronischer Disstreß führt zu chronischer Vagusschwäche. Bei chronischer Streßbelastung, der der gewünschte Erfolg beschieden ist, kann sich die Vagusaktivität partiell regenerieren. Wenn sich jedoch die Niederlagen häufen, wenn trotz exzessiver Verausgabung die Anerkennung ausbleibt, drohen ausgeprägte Depressionen der Vagusaktivität. Wenn ein übersteigertes Bedürfnis nach Annerkennung nachhaltig frustriert wird und die dadurch hervorgerufenen Gefühle in der Regel nicht gelebt, sondern unterdrückt werden, wie dies bei Infarktpatienten gehäuft anzutreffen ist, ist mit starken Blockierungen des Vagustonus zu rechnen. Die Vagusschwäche als Folge von chronischem Disstreß wird sich dann deutlich akzentuieren. Wenn als Folge einer beruflichen Krise zusätzlich sozialer Rückhalt verlorengeht, kann auch dadurch die Depression der Vagusaktivität verstärkt werden. Auf diese Zusammenhänge wird im folgenden Kapitel näher eingegangen.

Der Zusammenhang von Vagusschwäche und ischämischer Herzkrankheit ist durch die HRV-Analyse offenkundig geworden. Chronischer Disstreß hat chronische Reduktionen des Vagustonus zur Folge und disponiert dementsprechend zur ischämischen Herzkrankheit. Bei ausbleibender Anerkennung trotz hochgradiger Verausgabung ist mit weiteren Abschwächungen der Vagusaktivität zu rechnen, wodurch eine akute Phase der ischämischen Herzkrankheit ausgelöst werden kann.

Vagusschwäche und der emotionale Bereich beim Herzinfarkt

Sozialer Rückhalt und Herzinfarkt

Das Herz ist ein beziehungssensitives Organ. Spätestens mit der »Broken Heart«-Studie (*Parkes et al.*, 1969) fand diese Tatsache allgemeine Beachtung. In dieser Studie lag die Todesrate an koronarer Herzkrankheit bei Witwern im ersten Halbjahr nach dem Tod ihrer Ehefrau um 67% höher als die erwartete Sterberate bei verheirateten Männern gleichen Alters.

Als markantes Beispiel für den sozio-kulturellen Einfluß auf den Herzinfarkt figuriert Roseto, eine Kleinstadt in Pennsylvania. In dieser »Italian-American Community« wurde während einer 7-Jahres Periode von 1955-1961 eine ungewöhnlich niedrige Sterberate an Herzinfarkt, weniger als die Hälfte im Vergleich zu den umgebenden Ortschaften, beobachtet (*Stout et al.*, 1964). Die niedrige Sterblichkeitssrate an Herzinfarkt war in Roseto mit üppigem Verzehr an Kalorien, Fett und Wein verknüpft. Wie die Autoren schreiben, war das auffallendste Merkmal dieser Gemeinde die Art und Weise, in der die Menschen ihr Leben genossen. Sie waren fröhlich, lebhaft und laut und anspruchslos. Die Wohlhabenden kleideten und verhielten sich genau so wie ihre ärmeren Nachbarn. Auf den Besucher machte diese Gemeinde den Eindruck einer »one-class society«, die aus einfachen, warmherzigen und sehr gastfreundlichen Menschen bestand. Man vertraute einander, es gab kein Verbrechen im Zeitraum der Untersuchung in Roseto, man unterstützte einander. In dieser für uns heute fernen idealen Welt bestand offenbar ein gesellschaftlicher Kontext, der einen wirksamen Schutz vor der Infarktkrankheit bot. Die Botschaft von Roseto war die, gesellschaftlicher Zusammenhalt und warmherziger Kontakt schützen vor einem Herzinfarkt.

Der Zusammenhang zwischen sozialem Rückhalt und der Sterblichkeitsrate, bezogen auf alle Todesursachen, ist bis heute in acht großen epidemiologischen Studien untersucht worden (Literatur bei *Berkman,* 1995). In der ersten Studie aus Alameda County, California (*Berkman & Syme*, 1979) wurde 1965 an knapp 5000 Personen zwischen 30 und 70 Jahren das Ausmaß ihrer Kontakte zu Freunden und Verwandten, Ehestatus, Kirchen- und Gruppenzugehörigkeit in einem »social network«-Index erfaßt. Es zeigte sich, daß innerhalb des 7-jährigen Studienverlaufs vermehrt Menschen mit einem Mangel an Sozialkontakten verstarben. Die Personen mit der größten Isolation hatten bei Männern ein 2,3-fach und bei Frauen ein 2,8-fach größeres Sterberisiko im Vergleich zu Personen mit vermehrten Sozialkontakten. Alle Folgestudien haben dieses Ergebnis im wesentlichen bestätigt.

In der Studie von *Orth-Gomér* und Mitarbeitern (1993) wurde die Beziehung zwischen fehlendem sozialem Rückhalt und der Häufigkeit an koronarer Herzkrankheit untersucht. Die Studiengruppe bestand aus über 700 Männern aus Göteborg im Alter von 50 Jahren. Die sozio-emotionale Dimension wurde zum Studienbeginn mit Hilfe von zwei getrennten Skalen erfaßt. Die emotionale Unterstützung durch sehr nahe Personen wurde durch eine »attachment«-Subskala und die Unterstützung durch das soziale Netzwerk durch eine »social integration«-Subskala gemessen. Der

Studienverlauf betrug sechs Jahre. Die Endpunkte waren Herzinfarkt und Tod infolge koronarer Herzkrankheit (KHK).

Sowohl »attachment« als auch »social integration« waren geringer ausgeprägt unter den Personen, die im Studienverlauf eine KHK entwickelten. Bei fehlendem sozio-emotionalem Rückhalt bestand eine etwa doppelt so hohe Wahrscheinlichkeit, an koronarer Herzkrankheit zu erkranken im Vergleich zu sozio-emotional gut eingebundenen Personen. Den hohen Schutzfaktor sozialen Rückhalts gegenüber dem Herzinfarkt verdeutlichen folgende Zahlen: Herzinfarkt bzw. koronarer Herztod traten im 6-jährigen Studienverlauf in der Gruppe mit niedriger sozialer Einbindung in knapp 6% der Fälle, in der Gruppe mit hoher sozialer Einbindung lediglich in 1,5% der Fälle auf.

In mehreren Studien ist der Einfluß sozio-emotionalen Rückhalts auf den Krankheitsverlauf nach akutem Herzinfarkt untersucht worden (*Ruberman et al.*, 1984; *Orth-Gomér et al.*, 1988; *Williams et al.*, 1992; *Case et al.*, 1992; *Berkman et al.*, 1992). Das relative Sterblichkeitsrisiko der sozial und emotional isolierten Patienten nach Herzinfarkt ist nach diesen Arbeiten etwa 3x so groß wie bei den sozio-emotional gestützten Patienten.

Die Entwicklung des Vagus als Bestandteil der emotionalen Entwicklung

Zur Erklärung dieser Zusammenhänge ist immer wieder auf Streß/Disstreß-Modelle zurückgegriffen worden, ohne damit überzeugen zu können. Im folgenden soll versucht werden, die Beziehungen des Vagus zum emotionalen und sozialen Bereich näher zu präzisieren, um anschließend zu einer These zum psychosomatischen Prozeß beim Herzinfarkt zu gelangen.

Die Entwicklung des Vagustonus ist integraler Bestandteil der emotionalen und der Beziehungsentwicklung eines Menschen. Dazu folgende Beispiele. In der Untersuchung von *Fox* (1989) wurde bei 63 Säuglingen im Alter von 5 Monaten zunächst ein Ruhe-EKG abgeleitet, während die Kinder still auf dem Schoß der Mutter saßen. Aus dieser EKG-Aufzeichnung wurden die Pulsschwankungen mit der Atmung, die sogenannte »Respiratorische Sinus-Arrhythmie, (RSA)« als Maß des Vagus bestimmt. Dieser Ruhetonus oder basale Vagustonus kennzeichnet die verfügbare Vaguskraft eines Menschen. Anschließend wurden die Mütter aufgefordert, ihre Kinder mit definierten freudigen und abweisenden Verhaltensweisen zu konfrontieren.

Dabei zeigte sich, daß diejenigen Kinder, die hierauf prompter und lebhafter mit Lachen bzw. Schreien reagierten, einen deutlich höheren basalen Vagustonus aufwiesen. Größere emotionale Reaktivität und auch eine bessere Fähigkeit zur emotionalen Selbstregulation hatten bereits bei diesen fünf Monate alten Säuglingen zu meßbaren Unterschieden in der Entwicklung ihres Vagus geführt.

Bazhenova und *Porges* (1997) induzierten bei ebenfalls 5 Monate alten Säuglingen eine definierte Aufeinanderfolge von wechselnden Gefühlszuständen. Ein durch Zuwendung ausgelöster positiver Gefühlszustand zeigte sich in einem entsprechenden freudigen Gesichtsausdruck und war mit motorischer Ruhe und Entspanntheit und einem hohen Vagustonus verbunden. Die Rücknahme dieses positiven Affekts durch angstauslösende Stimuli war mit entsprechenden Änderungen des Gesichtsausdrucks, beginnender Zappelei und einem ausgeprägten Abfall des Vagustonus verknüpft.

DeGangi et al. (1991) bestimmten bei 24 normal entwickelten Säuglingen im Alter zwischen 8 und 11 Monaten zunächst den basalen Vagustonus mittels EKG Aufzeichnung, während die Kinder ruhig auf dem Schoß der Mutter saßen. Anschließend wurde mit den Kindern ein bestimmter Aufmerksamkeits-Test durchgeführt, in dem die Kinder im Spiel mit einem Untersucher verschiedenen Stimuli ausgesetzt wurden. Während der ersten 10 Testminuten wurde die EKG Aufzeichnung fortgesetzt, aus der die Reaktionsbreite des Vagus, (das Ausmaß der Vagus-Absenkung während der Untersuchung), bestimmt wurde. Die Reaktionsbreite des Vagus oder vagale Reaktivität ist ein Maß für die Streßbelastbarkeit.

Die Aufmerksamkeits-Bewertung (größte Aufmerksamkeit, geringste Ablenkbarkeit) zeigte eine positive Wechselbeziehung zum basalen Vagustonus und zur vagalen Reaktivität. Je höher der Ruhetonus des Vagus, desto größer war die Fähigkeit dieser 8-11 Monate alten Kinder, in einer sozialen Interaktion aufmerksam zu bleiben, desto größer war ihre Steßbelastbarkeit.

In der Studie von *Porges et al.* (1996) war der Untersuchungsablauf zunächst der gleiche. Bei 24 Säuglingen im Alter zwischen 7 und 9 Monaten wurden der basale Vagustonus und die vagale Reaktivität während des gleichen Tests (Bayley Scales) bestimmt. Man bemühte sich, für diese Untersuchung normalentwickelte (»pflegeleichte«) und schwierige Kinder zu gewinnen.

Im Alter von 3 Jahren füllten deren Mütter eine bestimmte Verhaltens-Checkliste aus, in der emotionale und Verhaltensprobleme der Kinder erfasst wurden. Es zeigte sich, daß der basale Vagustonus bzw. die vagale Reaktivität im Alter von 8 Monaten mit Verhaltensauffälligkeiten im Alter von 3 Jahren in fester Beziehung stand. Und zwar waren sozialer Rückzug, Depression, aggressives Verhalten und Schlafprobleme im Alter von 3 Jahren statistisch eindeutig mit einem herabgesetzten Vagustonus und auch mit reduzierter vagaler Reaktivität im Alter von 8 Monaten verbunden. Ein niedriger Vagustonus im Alter von 8 Monaten ist nach dieser Studie charakteristisch für das Auftreten von sozio-emotionalen Schwierigkeiten in den Folgejahren. Umgekehrt ist ein hoher Vagustonus gegen Ende des ersten Lebensjahres ein Signal für eine gelingende sozio-emotionale Entwicklung der Kinder.

Dieses Resultat wird in der Studie von *Fox* (1989) bestätigt. Kinder im Alter von 14 Monaten mit einem hohen Vagustonus zeigten in dieser Untersuchung in ihrer sozialen Entwicklung deutliche Fortschritte gegenüber ihren Altersgenossen mit einem niedrigen Vagustonus. Sie verbrachten weniger Zeit in der Nähe der Mütter und waren annäherungsfreudiger an eine fremde Person in einer neuen Situation. Bereits mit 14 Monaten zeigte die soziale Entwicklung eine klare Beziehung zur Entwicklung des Vagus.

Cole et al. (1996) bestimmten bei 79 Vorschulkindern im Alter von 5 Jahren den basalen Vagustonus und konfrontierten die Kinder danach mit einer Folge von Videosequenzen, die zu emotionalen Reaktionen herausforderten: Geburtstagsparty, Verlust des Lieblingshundes, nächtliches Gewitter, Aggressivität in der Gruppe Gleichaltriger, der Tod des Großvaters, u.a.m. Die emotionale Reaktion wurde an Veränderungen des Gesichtsausdrucks gemessen. Es zeigte sich, daß der Gefühlsausdruck der Kinder und der basale Vagustonus eine feste Beziehung bildeten. Lebhafter Ausdruck dieser vorzugsweise »negativen« Emotionen, Angst, Trauer, Wut, war mit hohem Vagustonus, Unterdrückung der Gefühle war mit niedrigem Vagustonus verbunden. Der Umgang mit den eigenen Gefühlen ist demnach von großer Bedeutung für die Entwicklung des Vagus.

Stifter et al. (1999) untersuchten das Verhältnis von kindlicher »Compliance« (Mitarbeit, Folgsamkeit) und Vagustonus an 30 Monate alten Kindern. Bei diesen Kindern handelte es sich um eine Gruppe, die zuvor schon mehrfach zu Studienzwecken untersucht worden war und die daher an die EKG-Ableitung gewöhnt war. Dabei zeigte sich, daß der Vagustonus in widersprüchlicher Form mit der Compliance korreliert war. Hoher Vagustonus war mit reger Mitarbeit beim Anlegen der Elektroden verbunden. Hoher Vagustonus war jedoch eindeutig mit »Non-Compliance« (Widerspruch) verbunden, wenn die Kinder nach 4 Minuten aufgefordert wurden, herumliegendes Spielzeug wegzupacken, statt damit weiterzuspielen. Die »antiautoritäre« Erziehung läßt grüßen!

Der Einfluß der Eltern-Kind Beziehung auf die emotionale, vagale und gesundheitliche Entwicklung der Kinder wurde in einer Studie von *Gottman et al.* (1996) untersucht. 56 Familien aus Illinois wurden zweimal gesehen, das erste Mal, als ihre Kinder 4-5 Jahre alt waren, das zweite Mal, als die Kinder 8 waren.

Beim ersten Mal wurde neben zahlreichen anderen Untersuchungen ein sogenanntes »Meta-Emotion Interview« mit den Eltern durchgeführt. In diesem Interview wurde der elterliche Umgang mit den eigenen Emotionen und mit den Emotionen der Kinder (das »coaching« der Emotionalität) erfaßt. Bei den Kindern wurde u.a. die »RSA« als Marker des basalen Vagustonus gemessen.

Im Alter von 8 Jahren wurde u.a. die Fähigkeit zur emotionalen Selbstregulation sowie die physische Gesundheit der Kinder erfaßt.

Das elterliche »coaching« der kindlichen Emotionalität zeigte in dieser Studie eine feste Beziehung zur Entwicklung des Vagus. Je besser dieses »coaching«, desto höher waren der basale Vagustonus und die vagale Reaktivität im Alter von 4-5 Jahren, desto besser waren die emotionale Selbstregulation und auch der körperliche Gesundheitszustand der 8jährigen.

Ein guter Umgang der Eltern mit ihren eigenen und den kindlichen Gefühlen schlägt sich nach dieser Untersuchung nachhaltig zugleich in der Entwicklung der kindlichen Emotionalität, der Entwicklung des Vagus und der physischen Gesundheit nieder.

Der Vagus reagiert auf Berührung. Bei 36 Frühgeborenen wurden von *Harrison et al.* (1990) die HRV gemessen, während die Eltern ihre 1-2 Wochen alten Kinder auf der Intensivstation besuchten und sie dabei berührten. Elterliche Berührung induzierte einen signifikanten Anstieg der HRV.

Der Vagus reagiert auf Sex. Brody et al. (2000) untersuchten die Ruhe-HRV bei Personen mit regelmäßiger partnerschaftlicher sexueller Aktivität und im Vergleich dazu bei Personen ohne feste Partnerschaft mit eher sporadischem Geschlechtsverkehr. Die Ruhe-HRV war für die Gruppe mit regelmäßiger partnerschaftlicher sexueller Aktivität deutlich höher als in der Vergleichsgruppe. In der Partnergruppe war eine höhere Frequenz an Sexualverkehr mit gesteigerter HRV verbunden. Wer in dieser Gruppe dem Sex eine größere Bedeutung zumaß, hatte eine höhere HRV. Nach dieser Untersuchung stimulieren sexuelles Interesse und Aktivität den Vagus. Diese Studie ist bisher die einzige vorliegende Untersuchung zum Thema Vagus und Sex. Zu diesem Zusammenhang in seinen verschiedenen Facetten gibt es sicher noch vieles zu klären.

Der Vagus reagiert auf Liebe. McCraty et al. (1995) führten bei 24 gesunden Erwachsenen eine »Meditation ins Herz« durch und bestimmten dabei das Verhalten der HRV. Die Versuchspersonen wurden aufgefordert, ihre Aufmerksamkeit auf ihr Herz zu richten und sich dabei auf wertschätzende positive Gefühle gegenüber einer anderen Person zu konzentrieren. Während dieser 5 Minuten andauernden Übung stieg die »HF Power« als Marker vagaler Aktivität auf nicht ganz das Doppelte des Ausgangswertes an.

Mit Hilfe der HRV-Analyse ist heute gesichert, daß die Entwicklung der Vagusaktivität integraler Bestandteil der sozio-emotionalen Entwicklung eines Menschen ist. Die Lebendigkeit der Emotionalität auf der Basis stabiler emotionaler Regulationsfähigkeit ist die entscheidende Kraft für die Entwicklung des Vagustonus und der vagalen Reaktivität. Wichtig ist der Umgang mit den eigenen Emotionen. Emotionale Ausdrucksfähigkeit, das Zulassen der Gefühle stimuliert den Vagus. Stabilität in der emotionalen Selbst-Regulation und Lebendigkeit im Gefühlsausdruck sind zugleich optimale Voraussetzungen für die Beziehungsfähigkeit und den Beziehungsreichtum eines Menschen.

Eine gelungene Eltern-Kind Beziehung kann den Vagus zu voller Entfaltung bringen. Störungen in der sozio-emotionalen Entwicklung behindern die Entwicklung des Vagus und führen schon in Kindheitstagen zu meßbaren Reduktionen der Vagusaktivität. Das Spannungsfeld von emotionaler Entfaltung und emotionalem Verschließen erweist sich als zentral für die Entwicklung und Ausprägung des Vagustonus.

Es ist natürlich die Frage zu stellen, welcher Sinn »im Bauplan des Menschen« in dieser integralen Einbindung der vagalen Entwicklung in die emotionale und Beziehungsentwicklung liegen kann.

Dazu drei Antworten:

1. Ein hoher Vagustonus führt zu optimaler Entspannung des Herz-Kreislaufsystems. In der Ruhe liegt bekanntlich die Kraft. Ein starker Vagus schafft somit beste Voraussetzungen für ein lebendiges Gefühls- und Beziehungsleben.

2. Der Alltags-Streß wird primär durch Herunterregulieren des Ruhe-Vagustonus gesteuert. Ein hoher Ruhe-Tonus ermöglicht eine hohe vagale Reaktionsbreite. Ein starker Vagus ist somit ein Garant für eine große Streßbelastbarkeit.

3. Die beiden Pole des autonomen Nervensystems stehen in wechelseitiger Abhängigkeit. Schwäche des zentralen parasympathischen Pols hat eine Schwächung des sympathischen Pols zur Folge. Stärke des parasympathischen Pols induziert eine Stärkung des sympathischen Antagonisten. Stärke des parasympathischen, des »Beziehungspols« hat eine Stärkung des sympathischen »Leistungspols« zur Folge. Die Entwicklung parasympathisch-vagaler Aktivität im Rahmen der sozio-emotionalen Entwicklung ist somit ein Garant für optimale Lebensfähigkeit.

Zur Rolle des Vagus im Rahmen einer »psycho-neuro-hormonellen Beziehungsachse« sollen drei Beispiele angeführt werden. Auch auf diesem Gebiet gibt es noch vieles zu klären.

1. Elektrische Reizung des zentralen Kerngebiets der Amygdala, des Mandelkerns, stimuliert den Vagus. Der Zentralkern der Amygdala erzeugt die spezifischen emotionalen Reaktionen des Menschen (*Healy* & *Peck*, 1997).

2. Stimulation der beiden Großhirn-Hemisphären ergab eine besondere Beziehung der linken Hemisphäre zur Steuerung der Herztätigkeit durch den Vagus (*Wittling et al.*, 1998). Die linke Hemisphäre wird den »neutral-positiven«, die rechte den »negativ-depressiven« Gefühlen zugeordnet (*Birbaumer* & *Schmidt*, 1996).

3. Oxytocin, ein im Hypothalamus, also im Zwischenhirn produziertes Hormon, ist in die Steuerung verschiedener Aspekte der weiblichen und männlichen Sexualität, der Zuneigung, Liebe und Paarbildung eingebunden. Vom Hypothalamus ziehen Oxytocin-haltige Nervenfasern direkt zum Kerngebiet des Vagus (*Luiten et al.*, 1985) und steigern dort die Vagusaktivität (*Dreifuss et al.*, 1992).

Vagusschwäche im psychosomatischen Zusammenhang

Es soll nun versucht werden, zu einer These zum psychosomatischen Prozeß beim Herzinfarkt zu gelangen. Die HRV-Analyse hat gezeigt, daß die Vaguskraft bei chronischer Infarktkrankheit chronisch reduziert ist. Herzanfälle werden durch einen weiteren Abfall vagaler Aktivität eingeleitet. Die Vagusschwäche bei Infarktpatienten beruht auf einer Schwäche bzw. Blockade der zentralen parasympathischen Steuerungsimpulse. Die Entwicklung des parasympathischen Pols ist eng mit der sozio-emotionalen Entwicklung eines Menschen verknüpft. Es ist deshalb anzunehmen, daß bestimmte Störungen in der Gefühls- und Beziehungsentwicklung eines Menschen, in der Kindheit und im späteren Leben, über eine Vagusschwäche zum Herzinfarkt disponieren.

Wie im Anfangskapitel dargelegt, machen die psychosomatischen Studien von *Dunbar* aus den 30er Jahren bis in jüngste Tage deutlich, daß es sich bei Infarktpatienten, zumal jüngeren, oftmals um Menschen handelt, deren Emotionalität gestört ist. Im Umgang mit der eigenen Gefühlswelt imponiert eine ausgeprägte Unterdrückung der Emotionen. Mangelnder, inadäquater Gefühlsausdruck ist die Folge. Dementsprechend leidet die emotionale Kommunikation und die partnerschaftliche Öffnung.

Eine derartige charakterlich fixierte Störung der Emotionalität hat ihren Ursprung zumeist in der Kindheitsentwicklung. Es ist davon auszugehen, daß der Mutterboden für eine gedeihliche emotionale Entwicklung des Kindes dürftig war. Die häusliche Atmosphäre hat den Kindern offenbar wenig Raum gegeben, ihre Gefühle auf elterliche Versagungen, ihre Enttäuschungen, Ängste und ihre Wut adäquat leben zu können. Wie der Beschreibung von *Dunbar* (1942) zu entnehmen ist, ist bei Infarktpatienten das emotionale Verschließen mit dem Drang zu harter kompromißloser Arbeit verbunden. *Siegrist* spricht von exzessiver Leistungsbereitschaft bei einem übersteigerten Bedürfnis nach Anerkennung (*Rugulies & Siegrist*, 2000). Offenbar ist bei diesen Patienten die Einstellung, Zuwendung und Wertschätzung durch harte Leistung zu erobern, tief verwurzelt.

In tiefenpychologischen Studien wird ähnliches formuliert. So sahen schon *Menninger* und *Menninger* (1936) in verdrängten aggressiven Tendenzen als Folge der Eltern-Kind Beziehung deutliche Bezüge zum Herzinfarkt. In jüngerer Zeit thematisierte *Klasmeier* (1991) die Unterdrückung der Gefühle bei Patienten nach Herzinfarkt. In der in dieser Arbeit geschilderten Krankheitsgeschichte wird das erfolglose »Ringen um Empathie«, der Schmerz des »Nicht-geliebt-worden-seins« mit dem Herzinfarkt in Verbindung gebracht.

Die Kränkungen und Frustrationen, die, wie *Dunbar* (1942) formulierte, zur Erschütterung des Selbstbildes führen und dem ischämischen Ereignis akut vorausgehen, bleiben bei der emotionalen Verschlossenheit der Infarktpatienten häufig ein Geheimnis. *Kits van Heijningen et al.* (1966) deckten in tiefenpsychologischen Interviews absolut banale Anlässe als Auslöser für Angina pectoris und Herzinfarkt auf. So ging einer Angina pectoris-Attacke eines Patienten eine alltägliche Auseinandersetzung mit seinem heranwachsenden Sohn voraus, in der der Patient in seinem übersteigerten Bedürfnis nach Wertschätzung sich schwer gekränkt fühlte. In seiner Unfähigkeit zur adäquaten emotionalen Äußerung fraß er, der Angina unmittelbar vorausgehend, seine Wut voll in sich hinein. Aus meiner Erfahrung als Hausarzt lassen sich weitere Beispiele anführen, in denen speziell bei jüngeren Infarktpatienten eine ähnliche Dynamik einem Infarkt bzw. einer instabilen Angina unmittelbar vorausging. Als Grundmuster handelte es sich dabei um situativ aktivierte verdrängte alte Wut, die umgehend wieder unterdrückt wurde. In einem Fall waren Bezüge zur fehlenden Anerkennung als Jugendlicher durch den Vater erkennbar. In einem anderen Fall beruhte die verdrängte Wut auf einer mehr als 20 Jahre zurückliegenden schweren Kränkung durch die Ex-Ehefrau. In einem dritten Fall war hinter dem banalen Alltagskonflikt, der der Infarktentstehung unmittelbar vorausging, die emotionsgeladene Konkurrenz zum älteren Bruder spürbar.

Die Verbindung von Herzanfall und Unterbewußtem wird auch dadurch deutlich, daß ischämische Episoden nachts bevorzugt während der Traumphasen auftreten (*Nowlin et al.*, 1965; *Rosenblatt et al.*, 1973; *Otsuka et al.*, 1988). Während des REM-Schlafes, in denen der Mensch träumt, sind bei Infarktpatienten besonders starke Absenkungen des Vagustonus beobachtet worden (*Vanoli et al.,* 1995). Abbildung 4c, S. 107 zeigt einen derartigen Absturz der vagalen Aktivität aus dem Schlaf heraus, der zur Auslösung einer Ischämie führt.

These zur Psychosomatik des Herzinfarkts

1. Das Spannungsfeld von emotionaler Entfaltung und emotionalem Verschließen ist von entscheidender Bedeutung für die Entwicklung und Ausprägung des Vagus. Ein stark unterdrückender Umgang mit den eigenen Emotionen ist ein Charakteristikum, das bei Infarktpatienten gehäuft anzutreffen ist. Chronische Unterdrückung des Gefühlsausdrucks hat eine chronische Unterdrückung bzw. Depression des Vagus zur Folge und disponiert zum Herzinfarkt.

2. Ein weiterer gehäuft anzutreffender Charakterzug bei Infarktpatienten ist eine exzessive Leistungsbereitschaft. Chronischer Disstreß führt zu chronischer Reduktion des Vagustonus und macht damit ebenfalls anfällig für den Infarkt. Wenn das übersteigerte Bedürfnis nach Anerkennung, das mit der hochgradigen Leistungsbereitschaft häufig verbunden ist, nachhaltig frustriert wird und die damit verbundenen Emotionen unterdrückt werden, drohen Angina pectoris und Herzinfarkt.

3. Beziehungsarmut, der Verlust sozialen Rückhalts, soziale Isolation oder auch innerer depressiver Rückzug haben Absenkungen des Vagustonus zur Folge und beeinflussen dementsprechend Auftreten und Verlauf der Infarktkrankheit. Akute persönlich-familiäre Beziehungskrisen, vor allem solche, in denen das Selbstwertgefühl der Betroffenen in Gefahr gerät und die damit verbundenen Gefühle kompromißlos unterdrückt werden, können die Vagusaktivität akut weiter reduzieren und damit eine Akutphase der ischämischen Herzkrankheit auslösen.

4. Chronisches inneres Verschließen führt zur Vagusschwäche. Die akute Unterdrückung aufsteigender Gefühle und andrängender Affekte hat akute Blockaden des Vagus zur Folge. Eine weitgehend aufgehobene Vagusaktivität führt über das hypothetisch angenommene Bindeglied der Übersäuerung zu umschriebenem Herzmuskelversagen als Basis von Herzanfall und Herzinfarkt. Rigorose Gefühlsabwehr, das »Verschließen des Herzens« endet über eine akute Vagusblockade im Herzversagen. Die Körpersprache dieses autoaggressiven psychosomatischen Geschehens ist sinnfällig.

Untermauerung der These

Unterdrückung der Gefühle

Es liegen drei prospektive epidemiologische Studien vor, in denen das Verhältnis von unterdrückten Emotionen und dem Auftreten von ischämischer bzw. koronarer Herzkrankheit untersucht wurde.

1. In der berühmten *Framingham*-Studie erwies sich »suppressed anger«, »unterdrückter Ärger/unterdrückte Wut« als ein unabhängiges Charakteristikum für die Entwicklung einer koronaren Herzkrankheit (*Haynes* et al., 1980).
2. In einer 10-jährigen prospektiven Studie an 1400 Personen in Jugoslawien fanden *Grossarth-Maticek* und Mitarbeiter aus Heidelberg (1985), daß die Unterdrückung von Emotionen, speziell von Aggressionen, hochgradig

mit der Sterblichkeit an ischämischer Herzkrankheit verbunden war. Um die Unterdrückung von Emotion/Aggression zu erfassen, benutzten die Autoren eine Skala für »Rationalität (R) und Anti-Emotionalität (A)«, die aus 11 Fragen (=11 Punkten) bestand. Im Vergleich mit niedrigen R/A-Werten waren hohe R/A-Werte mit einem 4,3-fach erhöhten Sterberisiko an ischämischer Herzkrankheit verbunden. Exakt 2/3 aller Personen, die im Studienverlauf am Herztod starben, hatten zu Beginn der Studie 10 bzw. 11 Punkte auf der R/A-Skala, also höchste Grade an unterdrückten Emotionen kenntlich gemacht.

Das methodische Vorgehen *Grossarth-Maticeks* bei dieser und einer weiteren Studie blieb allerdings nicht unwidersprochen und war Gegenstand einer wissenschaftlichen Kontroverse (s. *Psychological Inquiry*, 1991)

3. Die Studie von *Denollet* und Mitarbeitern aus Antwerpen (1996) wurde bereits erwähnt. In dieser Arbeit wurde der Einfluß einer sogenannten Typ D-Persönlichkeit (D von Disstreß) auf den Verlauf der koronaren Herzkrankheit untersucht. Der Typ D ist durch »negative Emotionen« und »soziale Hemmung« charakterisiert. »Negative Emotionen« bezog sich vorrangig auf Symptome chronischer innerer Spannung und Depression, »soziale Hemmung« war charakterisiert durch chronische Unterdrückung des Gefühlsausdrucks sowie die Tendenz, andere Menschen auf Distanz zu halten. Dementsprechend war die soziale Einbindung eher gering ausgeprägt. Im Studienverlauf von knapp acht Jahren war das Sterberisiko der Typ D-Patienten viermal größer als bei den restlichen Herzpatienten, unabhängig vom Zustand ihrer Koronararterien und unabhängig vom Zustand ihres Herzmuskels.

Drei weitere Arbeiten seien genannt, die den Zusammenhang von unterdrückter Aggression und Unterdrückung der Vagusaktivität verdeutlichen.

In einer Untersuchung an schwedischen Frauen (*Horsten et al.* 1999) wurde die gleiche Skala (»suppressed anger«) verwendet, die schon in der *Framingham*-Studie Anwendung gefunden hatte. Unterdrückte Wut aufgrund der Unfähigkeit, mit Freunden und Verwandten über seinen Ärger zu reden, zeigte einen eindeutigen Zusammenhang mit abgesenkter HRV. Das Anstauen von Wut und Ärger führte zu deutlichen Reduktionen des Vagus.

Jugendliche, die durch ihr aggressives Verhalten auffällig geworden waren, zeigten nicht in stehender, jedoch in liegender Position hochgradige Absenkungen ihres Vagustonus (*Mezzacappa et al.* 1996). In liegender Position haben sich womöglich Ohnmachtsgefühle verstärkt, die den vorhandenen Aggressionsstau gesteigert haben.

In einer holländischen Untersuchung ging die »Expression negativer Gefühle« mit gesteigertem Vagustonus und die Unterdrückung derartiger Gefühle wie Angst und Wut mit herabgesetztem Vagustonus einher (*Ramaekers et al.*, 1998).

Drei große epidemiologische Studien weisen aus, daß die Unterdrückung von Emotionen mit gesteigertem Auftreten bzw. gesteigerter Sterblichkeit an koronarer Herzkrankheit einhergeht. Unterdrückte Wut blockiert den Vagus. Vagusschwäche disponiert zum Herzinfarkt. Damit schließt sich eine wichtige Kausalkette.

Fehlender sozialer Rückhalt

Der starke Einfluß von fehlendem sozialen Rückhalt auf das Auftreten von Infarkten und den Verlauf der Herzkrankheit ist bereits geschildert worden. Die weiter oben zitierten kinderpsychologischen Untersuchungen haben die Auswirkungen des Beziehungslebens auf den Vagus erkennen lassen. Störungen und Mangel an Beziehung disponieren zur Vagusschwäche.

Undén und Mitarbeiterinnen aus Stockholm (1991) fanden bei Personen verschiedener Berufe mit niedrigem »social support« am Arbeitsplatz eine gesteigerte mittlere Herzfrequenz. Dieses Resultat ließ indirekt auf eine vorliegende Vagusschwäche schließen.

In einer neueren Studie erbrachte die gleiche Arbeitsgruppe aus Stockholm (*Horsten et al.*, 1999) erstmals den direkten Nachweis, daß soziale Isolation und fehlender sozialer Rückhalt signifikant mit erniedrigtem Vagustonus bei gleichzeitig gesteigerter sympathischer Erregbarkeit einhergehen. Diese Studie beschränkte sich auf Frauen.

Depression

Inneres Verschließen, die Kombination von emotionalem Rückstau und sozialem Rückzug findet sich gehäuft bei depressiven Patienten. Depressionen sind kein seltenes Ereignis bei Infarktpatienten. Sie entwickeln sich bevorzugt als Reaktion auf den Infarkt. Fast 1/3 aller Infarktpatienten erlebt eine Depression im Gefolge eines Herzinfarkts, die Hälfte noch im Krankenhaus, die andere Hälfte im ersten Jahr nach Infarkt (*Lesperance et al.*, 1996). Derartige Depressionen steigern das kardiale Sterblichkeitsrisiko (*Ladwig et al.*, 1991; *Frasure-Smith et al.*, 1995; *Lesperance et al.*, 1996).

In zahlreichen Studien zur HRV-Analyse bei Patienten mit Depressionen ganz allgemein und auch bei Patienten mit Depressionen nach Herzinfarkt fanden sich überwiegend deutliche Reduktionen der Vagusaktivität. Interessanterweise konnte der Nachweis erbracht werden, daß depressive Herzpatienten, die ihre Angst zum Ausdruck bringen, denen es also gelingt, ihren Gefühls- und Affektstau etwas zu lockern, eine bessere Prognose haben als diejenigen, die ihre Gefühle weitgehend unterdrücken (*Herrmann et al.*, 2000).

Liebe

In seinem berühmten Buch »The Broken Heart« hat *James Lynch* (1977) auf die große Bedeutung von zwischenmenschlicher Bindung, von Liebe und menschlicher Nähe für die Lebenserwartung ganz allgemein und für die Herzerkrankungen im besonderen hingewiesen. Die Arbeitsgruppe um *Orth-Gomér* aus Stockholm konnte zeigen, daß Ehestreß für Frauen mit einem deutlichen Anstieg des Infarktrisikos einhergeht. Streß am Arbeitsplatz hingegen führte bei Frauen nicht zu einer eindeutigen Steigerung des Infarktrisikos (*Orth-Gomér et al.*, 2000). Und schließlich: In der israelischen Ischemic Heart Study fanden *Medalie & Goldbourt* (1976), daß Männer, die sich von ihren Frauen geliebt fühlten, seltener Angina pectoris entwickelten im Vergleich zu anderen, die nicht in diesem Gefühl lebten.

Der Vagus ist ein entscheidender Mittler zwischen der sozio-emotionalen Dimension und der Herztätigkeit. Die Lebendigkeit der Emotionalität, die Beziehungsfähigkeit, sozialer Zusammenhalt und Liebe stärken den zentralen parasympathischen Tonus. In diesem Sinn kann angenommen werden, daß mütterliche Liebe durch gutes »coaching« der kindlichen Emotionalität und entsprechende Entwicklung eines starken Vagus einen soliden Schutz vorm Herzinfarkt aufbauen kann. Dementsprechend kann sich ein lebendiger Vagustonus als Folge einer von offener Emotionalität getragenen Partnerschaft als wichtiger Schutzfaktor vor und im Verlauf der Infarktkrankheit erweisen.

Fazit

Die Ursachen der Vagusschwäche

Nach meiner Analyse liegt eine wichtige Ursache des Herzinfarkts nicht primär im Herzen, sondern im Kopf. Eine Funktionsschwäche des zentralen parasympathischen Steuerungspols im Zwischenhirn ist als Fokus des Herzinfarkts anzusehen. Eine Schwäche des Vagus als Folge dieser zentralen Störung spielt eine wichtige Rolle bei der Infarktentstehung.

Zunächst noch einmal zur Orientierung: Die Führungsetage des vegetativen oder autonomen Nervensystems befindet sich im Hypothalamus, einem Teil des Zwischenhirns. Dort sind die zentralen Strukturen von Sympathikus und Parasympathikus lokalisiert. Der Sympathikus steigert das Leistungsvermögen des Organismus, weitet die Pupillen, steigert die Herz- und Atemtätigkeit, erhöht den Blutdruck und mobilisiert Glykogen, eine wichtige Energiereserve, wodurch es zu einem Anstieg des Blutzuckers kommt. Parasympathische Aktivität fördert die Erholungsvorgänge, verengt die Pupillen, senkt Puls und Blutdruck, hemmt die Atmung und fördert die energetische Regeneration. Während des Tages dominiert die sympathische Reaktionseinstellung, während der Nacht der Parasympathikus. Die Tag-Nacht-Rhythmik wird ebenfalls aus dem Hypothalamus heraus gesteuert.

Die sympathisch-parasympathischen Aktivitäten sind in eine Vielfalt weiterer Steuerungsprozesse eingebunden. Am augenfälligsten ist die enge Verbindung des Hypothalamus mit der Hypophyse, der Hirnanhangdrüse und damit zu den hormonellen Regulationen. Unterhalb der hypothalamischen Führungsetage übernimmt das in unmittelbarer Nähe des Kreislauf- und Atemzentrums gelegene Kerngebiet des Vagus die parasympathischen Funktionen für Brust- und Bauchraum.

Mit der Analyse der Herzfrequenz-Variabilität (HRV-Analyse) lassen sich heutzutage prägnante Aussagen zum Verhalten der Vagusaktivität machen. Die von mir durchgeführte HRV-Analyse bei koronarer Herzkrankheit und Herzinfarkt hat deutlich gemacht, daß eine Funktionsschwäche des Vagus von starkem prägendem Einfluß auf die Entstehung des Herzinfarkts ist. Die weitgehende Aufhebung der Tag-Nacht-Rhythmik von Sympathikus und Vagus bei der koronaren Herzkrankheit und ganz besonders beim Herzinfarkt belegt, daß die Ursache der Vagusschwäche in einer Funktionsschwäche der parasympathischen Zentrale im Zwischenhirn zu suchen ist.

Damit rückt die parasympathische Zentrale in den Mittelpunkt. Eine Funktionsschwäche des parasympathischen Steuerungspols disponiert zum Herzinfarkt. Welche Kräfte und Einflüsse stärken und welche Faktoren schwächen diesen Pol?

Sinnreich und Mitarbeiter aus Israel (1998) konnten in der »Kibbutzim Family Study« Daten für eine genetische Determinierung der HRV vorlegen. Der Vagustonus eines Menschen besitzt demnach eine genetische Komponente. Das Erbgut ist somit als ein Faktor anzusehen, der zur Stärke oder Schwäche des Parasympathikus und Vagus disponiert.

An biologischen Faktoren sind vor allem Alter und Geschlecht von Bedeutung. Die HRV als Maß des Vagustonus nimmt kontinuierlich vom 20. bis zum 80. Lebensjahr ab. Frauen verfügen im Durchschnitt über einen stärkeren Vagus als Männer. Bis zu den Wechseljahren spielt der weibliche Zyklus hierbei eine bestimmende Rolle. Der weibliche Zyklus mit Eisprung und Menstruation stimuliert in großer Regelmäßigkeit die zentrale parasympathische Aktivität (*Schreiner*, 1987) und bietet damit einen Schutz vor einem Herzinfarkt. Die deutlich geringere Infarkthäufigkeit von Frauen vor der Menopause dürfte maßgeblich auf diesem Zusammenhang beruhen. »Ovulationshemmer«, also die »Pille«, die den Eisprung verhindert, verringern hingegen diesen Schutz.

Außerdem sollte sich in dem Geschlechtsunterschied die im allgemeinen lebhaftere weibliche Emotionalität und die größere Beziehungsfähigkeit von Frauen niederschlagen. Dazu fehlen jedoch bisher exakte Daten. Familiäre Häufigkeit, Lebensalter und männliches Geschlecht zählen zu den gesicherten unbeeinflußbaren Risikofaktoren des Herzinfarkts. Alle drei Faktoren disponieren zur Vagusschwäche.

Die »essentielle Hypertonie«, die primäre Form des Bluthochdrucks und der Diabetes, die Zuckerkrankheit sind mit Reduktionen von HRV und Vagustonus verbunden. Beide Erkrankungen gelten als wichtige Risikofaktoren des Herzinfarkts. Bei beiden Krankheiten ist die im Zwischenhirn gesteuerte Tag-Nacht-Rhythmik von Sympathikus und Parasympathikus fast aufgehoben. Das heißt, daß auch bei diesen beiden komplexen Krankheitsbildern genauso wie beim Herzinfarkt eine Funktionsschwäche der zentralen vegetativen Steuerungen im Hypothalamus vorliegt.

Eine Schwäche des parasympathischen Aktivitätspols verschiebt offenbar das Gleichgewicht zwischen Leistung und Erholung mit chronischer Anhebung des Blutdrucks und mit chronisch gesteigerter Energiebereitstellung in Form von erhöhten Blutzucker- und Blutfettwerten in Richtung gesteigerter Leistungsbereitschaft. Die Hypertonie, der Diabetes und die erhöhten Fettwerte, sämtlichst wichtige Risikofaktoren des Herzinfarkts, sind also, zumindest zum Teil, Ausdruck und Folge einer Funktionsschwäche der parasympathischen Zentrale.

Natürliche Rhythmen beeinflussen nachhaltig die vegetativen Steuerungspole. Der 4-wöchige weibliche Zyklus wurde bereits erwähnt. Die Nacht und der Schlaf sind fundamentale Stimulatoren der parasympathisch-vagalen Aktivität. Der Wechsel der Jahreszeiten und die verschiendensten natürlichen Reize sind bekanntlich von nachhaltigem Einfluß auf die vegetative Rhythmik. Die HRV ist im Winter niedriger als im Sommer (Kristal-Boneh et al., 2000). Winterliche Kälte dämpft den Vagus, sommerliche Wärme stimuliert den Vagus. Körperliche Aktivität steigert den Vagus. Sitzende Lebensweise schwächt den Vagus.

Fieberhafte Infekte sind mit einer charakteristischen vegetativen Rhythmik verbunden: Eine kurze Vorphase leitet über in eine »Kampfphase« unter sympathischer Tonusdominanz, die schließlich von einer »Heilphase« unter parasympathischer Tonusdominanz abgelöst wird (*Hoff*, 1957). Jeder fieberhafte Infekt hat im Ergebnis eine Stärkung des Vagus zur Folge. Diese natürlichen Heilkräfte werden in unseren Tagen allerdings kaum genutzt. Der Wunsch nach symptomatischer Linderung ist groß, der gesellschaftliche Druck nach rascher Wiederherstellung der Leistungsfähigkeit ebenfalls. Mit der gängigen Unterdrückung einer fieberhaften Symptomatik geht die damit verbundene natürliche Stimulierung der vegetativen Dynamik verloren.

Zum Streß: Die HRV-Analysen haben gezeigt, daß die Formel Sympathikus = Leistungssteigerung und Parasympathikus = Erholung zu kurz greift. Der Alltagsstreß wird im wesentlichen durch Abnahme des Vagus ohne Beteiligung des Sympathikus gesteuert. Um es in einem Bild auszudrücken: Wenn die physische Leistungsgrenze einer Person nach fünf Etagen eines Altbaus erreicht ist, dann wird die Kreislaufaktivierung bis zum Ende der dritten Etage primär durch Abnahme der Vagusaktivität verursacht. Erst im oberen Leistungsbereich kommt es zu einer Hinzuschaltung des Sympathikus.

Chronischer körperlicher und vor allem auch mentaler Streß führt zu chronischer Unterdrückung der Vagusaktivität. Streßreaktionen, die positiv und erfolgreich enden, führen zur Entspannung und damit zur parasympathischen Regeneration. Chronischer Disstreß, dem Erfolg und Anerkennung versagt bleibt, fixiert die Abschwächung des Vagus.

Meine Untersuchung hat noch einen weiteren wichtigen Zusammenhang zutage gefördert: Die Vagusaktivität ist nicht nur eingebunden in das Wechselspiel von Streß und Erholung, sondern ist außerdem integraler Bestandteil der Emotionalität und des Beziehungslebens eines Menschen. Das Zwischenhirn ist von einem phylogenetisch alten Teil der Hirnrinde umhüllt, dem »limbischen System«. Dieses komplexe System spielt eine zentrale Rolle bei der Auslösung und Regulierung von Affekten und Emotionen. Limbisches System und Hypothalamus sind funktionell eng miteinander verwoben.

HRV-Analysen speziell im Kindesalter haben deutlich werden lassen, daß ein lebendiges Gefühls- und Beziehungsleben von entscheidender Bedeutung für die Entwicklung des Vagus ist. Zulassen der Gefühle, emotionale Ausdrucksfähigkeit stärkt den Vagus. Beziehung und Berührung, Liebe und auch Sex stimulieren die Vagusaktivität. Chronische Unterdrückung des Gefühlsausdrucks hingegen schwächt den Vagus. Beziehungsarmut, der Verlust sozialen Rückhalts, soziale Isolation oder auch innerer depressiver Rückzug hemmen die Vagusaktivität. Das Spannungsfeld von emotionaler Entfaltung und emotionalem Verschließen erwies sich als zentral für die Entwicklung und Ausprägung des Vagustonus.

Ruhe, Schlaf und Erholung stimulieren den Parasympathikus. Emotionalität und Beziehungsreichtum stärken den Parasympathikus. Der Parasympathikus steuert die energetische Regeneration des Organismus. Parasympathische Aktivität spielt außerdem eine dominierende Rolle in der Regulation der Sexualfunktion. Insgesamt ist dem Parasympathikus eine eher bewahrende konservative Rolle zur Erhaltung von Individuum und Art zuzusprechen.

Der Herzinfarkt ist in erster Linie eine Krankheit des industriellen Zeitalters. Chronischer Streß und Verstädterung und vor allem auch die Erodierung der zwischenmenschlichen Beziehungen in der Wettbewerbsgesellschaft können diesen Zusammenhang über eine chronische Blockierung und Abschwächung des Vagus deuten. Die rasante Zunahme des Herzinfarkts in den osteuropäischen Ländern während der letzten Jahre und ganz generell in den industriellen Schwellenländern fügt sich nahtlos in diese Sichtweise ein. Das Nord-Süd-Gefälle dieser Erkrankung, die geringere Infarkthäufigkeit am Mittelmeer, findet mit dem Bindeglied des Vagus eine neue Interpretation. Neben klimatischen Einflüssen kann der größere Beziehungsreichtum der Menschen in den Mittelmeerländern über eine Stärkung des Vagus als Schutzfaktor vorm Infarkt angesehen werden. All dies bleibt natürlich momentan im wesentlichen Spekulation, solange keine umfangreichen HRV-Daten für diese Zusammenhänge vorliegen.

Die Dynamik des Vagustonus ist im Verlauf des Lebens also von unterschiedlichen Faktoren abhängig. Fixiert und unbeeinflußbar sind die genetische Ausstattung und die Geschlechtszugehörigkeit. Unausweichlich ist die kontinuierliche Abschwächung des Vagus durch den biologischen Alterungsprozeß.

Bereits in der Kindheit, in der die Emotionalität und die Beziehungsfähigkeit entwickelt werden, erfährt der Vagustonus offenbar entscheidende Prägungen für das ganze Leben.

Chronische Streßbelastung unterdrückt die Vagusaktivität. Hier greifen innere Antriebe, wie z. B. eine übergroße Leistungsbereitschaft, mit den verschiedensten gesellschaftlichen Faktoren ineinander. Der moderne Lebensstil, der Verlust natürlicher Rhythmen, die Bewegungsarmut und das Rauchen schädigen den Vagus.

Die Vagusschwäche ist offenbar ein Basisphänomen des Zivilisationsprozesses. Chronische Reduktionen der Vagusaktivität disponieren zum Herzinfarkt. Dem Auftreten von Herzanfall und Herzinfarkt gehen weitere drastische Abschwünge der Vagusaktivität häufig voraus. Erschöpfende Streßbelastungen, die statt der erwünschten Anerkennung in Kränkung enden, Disstreß, der den Schlaf raubt, können den Vagustonus empfindlich absenken. Ähnliches gilt für den Verlust eines geliebten Menschen, wenn der Betroffene mit depressivem Rückzug reagiert. Die rigide Unterdrückung der mit solchen Ereignissen verbundenen Gefühle kann den Vagus bedrohlich blockieren. Soweit dies bisher zu beurteilen ist, scheinen die hochgradigen Abschwünge der Vagusaktivität, die der Angina pectoris und dem Herzinfarkt den Weg bereiten, häufig auf einem akuten Konflikt in Kombination mit einer anhaltenden Belastungssituation zu beruhen.

An dieser Stelle muß gefragt werden, inwieweit die moderne Medizin den Herzpatienten gerecht wird. Ein wichtiges Ziel der medikamentösen Behandlung und auch der koronaren Eingriffe besteht darin, die Beschwerden zu lindern und die Schmerzen auszuschalten. Die Beseitigung der Herzschmerzen macht es möglich, den alten Trott wiederaufzunehmen, dessen Belastungen und unbewältigten Konflikte gerade in die Herzsymptome geführt haben. Das Wagnis eines Neubeginns, der auch dem Vagus zu neuer Schwingung verhilft, wird damit verhindert.

Die Dynamik des Vagus unterliegt also einem ganzen Bündel an Faktoren, deren Einfluß fixiert oder variabel ist, die den Vagustonus steigern oder senken. Erst das Zusammenspiel aller Faktoren bestimmt das Infarktrisiko. Die biologischen Reserven sind in der Jugend groß und schrumpfen im

Alter. Die psychische Reaktionsbereitschaft ist in jüngeren Jahren im allgemeinen lebhafter und der psychosoziale Konfliktstoff nimmt nach gelungenem Übergang ins Rentenalter ab. Daher ist anzunehmen, daß die Ausbildung einer bedrohlichen Vagusschwäche in jüngeren Jahren vermehrt von psychosozialen Prozessen, im Alter vorrangig von biologischen Faktoren bestimmt wird.

Zweifel am Kranzgefäß-Modell

Aus schulmedizinischer Sicht bestehen keinerlei Zweifel an der arteriosklerotischen Genese des Herzinfarkts. Diese Vorstellung wird unermüdlich propagiert. Das koronare Modell der Infarktentstehung ist jedermann bekannt und vertraut. Und doch bestehen gravierende Bedenken gegen dieses Modell.

Vier Einwände sollen kurz geschildert werden.

1. Herzinfarkte sind ganz überwiegend in der linken Herzkammer lokalisiert. Man spricht von Vorderwand- und Hinterwandinfarkt und meint damit die Vorder- und die Hinterwand der linken Herzkammer. Diese absolute Dominanz der linken Herzkammer im Infarktgeschehen spricht gegen das koronare Modell. Wenn die primäre Ursache in Gefäßprozessen liegt, müssen sich die Infarkte etwa gleichmäßig über beide Herzseiten, die linke und die rechte Kammer, verteilen. Die Arteriosklerose betrifft alle 3 Koronararterien in gleicher Form und Gefäßverschlüsse treten in allen 3 Herzkranzarterien in vergleichbarer Häufigkeit auf. Linksherzbeteiligung in annäherd 100%, Rechtsherzbeteiligung dagegen nur in etwa 14% (*Wartman & Hellerstein*, 1948; *Isner* und *Roberts,* 1978) sind mit einer primären koronaren Verursachung nicht vereinbar. Sie sprechen für eine besondere Rolle der linken Herzkammer im Infarktprozeß unabhängig von der Gefäßsklerose.

2. Zum Zusammenhang von koronaren Stenosen und dem Herzinfarkt veröffentlichten *Ambrose* und Mitarbeiter aus dem Mount Sinai Medical Center in New York 1988 eine wichtige Arbeit, deren Ergebnisse in der Folge von anderen Gruppen bestätigt wurden. In dieser Studie wurden Koronarangiogramme, also die Röntgendarstellungen der Herzkranzgefäße vor und nach einem akuten Herzinfarkt miteinander verglichen. Es zeigte sich, daß die koronaren Stenosen in den zum Infarktgebiet führenden Arterien vor dem Infarkt im Durchschnitt 34% der Gefäßlichtung einengten. Dies galt für die großen, »transmuralen«, die Kammerwand durchsetzenden Infarkte. In keinem dieser Fälle war die Stenose vor Infarkt größer als 70%. In einem Drittel der Fälle fanden sich zuvor überhaupt keine arteriosklerotischen Veränderungen in der zum Infarkt führenden Arterie.

In keinem Fall war also das Auftreten eines transmuralen Infarkts mit dem Aufbrechen einer höhergradigen »signifikanten« Stenose verbunden. Im Gegenteil, das Infarktereignis war regelhaft mit dem Aufbrechen geringfügiger Stenosen bzw. mit Einrissen in die zuvor ungeschädigte Gefäßwand verknüpft. Als Konsequenz ihrer Resultate bemerkten die Autoren, daß hochgradige Verengungen der Koronargefäße geradezu einen Schutz vor der Entwicklung eines transmuralen Infarkts darstellen. Dies leuchtet ein, wenn man bedenkt, daß höhergradige Stenosen von einem Kollateralkreislauf umgangen werden. Bei sichergestelltem Blutfluß über die Umgehungsbahnen ist es egal, ob eine koronare Verengung noch ein Rinnsal an Blutfluß zuläßt oder ganz verschlossen wird.

3. Die Koronarchirurgie dient dazu, »signifikante« Koronarstenosen mit Hilfe von Bypässen zu umgehen. Der Wert der Bypass-Chirurgie ist wesentlich umstrittener als die Patienten ahnen. Nach den ersten 10 Jahren Bypass-Chirurgie zog der amerikanische Herzchirurg *McIntosh* aus Houston, Texas 1978 Bilanz: »Die verfügbaren Daten bieten keine Anhaltspunkte dafür, daß die anfängliche symptomatische Besserung nach der Operation notwendigerweise anhält oder daß Herzinfarkten, Rhythmusstörungen oder einer Herzschwäche vorgebeugt wird oder daß das Leben bei der überwiegenden Mehrheit der Patienten verlängert wird.«

Dieser Erkenntnis zum Trotz und obwohl weitere Studien den Nutzen der Bypass-Chirurgie deutlich relativierten, hat sich in den Folgejahren eine regelrechte »Bypass-Industrie« rund um den Globus entwickelt. 1984 wurde die *»CASS«*, die *»Coronary Artery Surgery Study«* veröffentlicht, die letzte und zugleich größte Studie zur Bewertung der Bypass-Chirurgie. Beteiligt waren 15 kardiologische Zentren, ausschließlich erste Adressen in Nordamerika. Die Studie bestand aus 780 Patienten mit einer, zwei oder drei hochgradigen mehr als 70prozentigen Koronarstenosen. Sie hatten entweder milde Angina pectoris-Beschwerden oder waren beschwerdefrei nach einem Infarkt.

Diese Patienten wurden nach Zufallskriterien entweder operiert oder nur medikamentös behandelt. Die Fünf-Jahres-Überlebensrate unterschied sich statistisch nicht zwischen den beiden Gruppen. Die Rate neu aufgetretener

Infarkte unterschied sich ebenso wenig innerhalb dieses Zeitraums. Auch für Untergruppen der Patienten, unterteilt nach Ein-, Zwei- oder Dreigefäßerkrankungen oder nach der Auswurfleistung des Herzens fanden sich keine statistischen Differenzen. Deshalb stellten die Autoren der *CASS* fest, daß die Bypass-Chirurgie bei ihrem Patientengut weder das Leben verlängert noch das Infarkt-Risiko senkt. Die *CASS* ist sozusagen das letzte Wort zum Nutzen der Bypass-Chirurgie. Weitere Großstudien wurden danach nicht mehr in Angriff genommen.

Eine Bypass-Op führt häufig zu sofortiger spürbarer Beschwerdelinderung. *Block* und Mitarbeiter aus Seattle, Washington, untersuchten 1977 23 Bypass-Patienten, bei denen innerhalb von 9 Monaten nach der Operation sämtliche Bypässe verschlossen waren. Mehr als die Hälfte dieser Patienten war beschwerdefrei oder gab eine spürbare Erleichterung an. Ebenfalls mehr als die Hälfte dieser Patienten war physisch nachweislich belastbarer als vor der Operation, obwohl sich am Zustand ihrer koronaren Durchblutung nichts verbessert hatte. Ein derart schwerwiegender Eingriff wie eine Herzoperation ist zweifellos auch mit starken Placebo-Effekten verbunden.

4. In den Neunziger Jahren hat die Behandlung der Koronarstenosen mit dem Herzkatheter, die Aufdehnung und Weitung der Verengungen oder auch der Verschlüsse mittels Ballon-Katheter erheblich an Umfang zugenommen. So wurden beispielsweise 1998 in Deutschland neben 50 000 Bypass-Operationen über 150 000 therapeutische Herzkatheter-Eingriffe durchgeführt.

RITA 2 heißt die bisher letzte Studie zum Vergleich von Ballon-Katheter und medikamentöser Therapie bei Patienten mit hochgradigen Koronarstenosen und Herzbeschwerden (*RITA 2*, 1997). Diese Studie umfasste über 1000 Patienten, die an 20 kardiologischen Zentren in Großbritannien und Irland zur Hälfte einer Ballonaufdehnung ihrer Stenosen in Verbindung mit der üblichen Medikamententherapie unterzogen wurden und zur anderen Hälfte ausschließlich medikamentös behandelt wurden.

Im Verlauf der folgenden 2 1/2 Jahre verstarben in der medikamentösen Gruppe 7 Patienten, in der Behandlungsgruppe mittels Katheter-Eingriff 11 Patienten. Ab Studienbeginn traten bei den medikamentös Behandelten 10 neue Herzinfarkte auf, in der Katheter-Gruppe 21. Diese Zahlen sprechen für sich. In symptomatischer Hinsicht, in punkto Schmerzlinderung erwies sich der Katheter-Eingriff der konventionellen Therapie überlegen. Hierbei ist daran zu denken, daß durch die Zerquetschung der koronaren Wülste mittels Überdruck und die damit verbundene Einblutung in die Gefäßwand die schmerzleitenden Nerven in der Regel nachhaltig betäubt werden.

Sehr viel Geld und die Macht der Verdrängung

Hätte eine, sagen wir alternative Behandlungsmethode ähnliche Resultate erzielt wie der Ballon in *RITA 2*, dann wäre diese Methode längst mit einem müden Lächeln von der schulmedizinischen Bühne verabschiedet worden. Nicht so die koronaren Eingriffe. In der Schulmedizin geht es eben auch um sehr viel Geld. Die Bypass-Chirurgie und die Katheter-Eingriffe sind ein milliardenschwerer Markt, der sich offenbar durch Erkenntnisse über den sehr begrenzten Nutzen dieser Maßnahmen in seiner Expansion nicht behindern läßt. Gesellschaftliche Machtfaktoren spielen in der Behandlung der Infarktkrankheit zweifellos eine große Rolle.

Charaktermerkmale und persönliche Krisen lassen sich von der Industrie ungleich schwerer zu Geld machen. Doch nicht nur die Industrie hat ein Interesse, die psychosomatischen Zusammenhänge beim Herzinfarkt an den Rand zu drängen, auch den Patienten ist es sehr recht, wenn ihr Innenleben nicht berührt wird. Es ist doch viel leichter, Herzbeschwerden als Ausdruck einer sich verengenden Koronararterie aufzufassen und dementsprechend behandeln zu lassen, als sich einer womöglich darin ausdrückenden Lebenskrise zu stellen. Dies kommt allen Menschen entgegen und besonders den Infarktpatienten, diesen Meistern der Verdrängung.

Und die Ärzte? Warum sind bei ihnen die psychosomatischen Zusammenhänge so schlecht aufgehoben? Auch Ärzte sind oftmals große Verdrängungskünstler. Und frei vom Einfluß gesellschaftlicher Macht ist der ärztliche Alltag ganz gewiß nicht. Die enge Liason von Industrie und Schulmedizin ist bekannt. Die Politik der Kassen in ihren Auswirkungen auf Arzt und Patient ist es weniger.

Ein Allgemeinarzt in einer Großstadt wie Hamburg verdient pro Patient und Quartal etwa 80-90 DM. Das bedeutet für die Behandlung eines Infarktpatienten, der frisch aus dem Krankenhaus oder von der Reha zu ihm kommt, daß dem Arzt für sämtliche Leistungen innerhalb der nächsten 3 Monate, für alle körperlichen Untersuchungen, für alle EKGs, alle Laborleistungen, alle Gesprächsleistungen, d.h. alle Beratungen zur Medikation, zur Lebensführung oder zur persönlichen Situation des Patienten der Betrag von 80-90 DM von den Kassen erstattet wird. Es ist dem Arzt freigestellt, auch der seelischen Seite der Patienten helfen zu wollen und es gibt viele, speziell Hausärzte, die dies gern tun. Diese Ärzte können dafür auch wohldefinierte Gebührenordnungsziffern in Rechnung stellen. Nach Überschreiten enger Budgetgrenzen sind diese Ziffern allerdings in den Wind geschrieben.

Die gegenwärtige Politik der Kassen in Verbindung mit der fachärztlich dominierten Ärzteschaft macht Technik teuer und den Arzt billig, spottbillig. Diese Entwicklung drängt die leib-seelischen Zusammenhänge aus dem ärztlichen Alltag. Diese Politik zerstört die ärztliche Kultur in unserem Land. Die Handschrift der gesellschaftlichen Machtträger ist unverkennbar. Die Herzpatienten hätten besseres verdient.

Neue Wege zur Vorbeugung und Behandlung des Herzinfarkts

Eine Vagusschwäche disponiert zum Herzinfarkt. Sie ist eine Ursache des Herzinfarkts. Was hat das für praktische Konsequenzen?

Der Vagustonus läßt sich messen. Voraussetzung ist ein 24-Stunden Langzeit-EKG. Voraussetzung ist weiterhin, daß die computergesteuerte Auswertung des Langzeit-EKGs die Bestimmung der »Herzfrequenz-Variabilität« (HRV) umfaßt. Das ist nicht bei allen Geräten der Fall. Eine weitere notwendige Voraussetzung besteht darin, daß der Arzt, im allgemeinen ein Kardiologe, in der Lage ist, die ausgeworfenen Meßdaten für den »SDNN«, RMSSD«, »pNN50«, etc. auch korrekt zu interpretieren. In der Bestimmung des Vagustonus aus diesen Meßdaten sind die meisten Ärzte leider bisher ungeübt.

Aus den HRV-Daten eines Langzeit EKGs läßt sich der aktuelle Vagustonus einer Person bestimmen. Eine anschauliche Übersicht über diese Thematik, die sich speziell an den interessierten Fachkollegen wendet, findet sich im Anhang dieses Buches.

Der nächste Schritt besteht darin, den ermittelten Vagustonus hinsichtlich seiner Genese zu beurteilen. Wie im Kapitel zu den Ursachen der Vagusschwäche ausgeführt, wird der Vagus im Verlauf des Lebens durch ein ganzes Bündel an Faktoren beeinflußt. Diese gilt es in ihrer individuellen Gewichtung herauszuarbeiten.

Die entscheidende Frage besteht darin: Welchen Stellenwert besitzt der jeweilige Vagustonus für Gesundheit und Krankheit eines Menschen? Ein starker Vagus schützt das Herz, ein schwacher Vagus disponiert zum Herzinfarkt. Der Vagus ist allerdings nur eine Kraft in der Gesamtheit von Faktoren, die in die Infarktentstehung eingreifen. Die Koronarsklerose hat ihren Anteil, auch wenn davon auszugehen ist, daß die arteriosklerotischen Verengungen der Herzkranzgefäße in ihrer Bedeutung für die Infarktentstehung weit überschätzt werden. Oxydativer Streß schädigt das Herz. Die Rolle einer Vagusschwäche im Hinblick auf das Infarktrisiko läßt sich nur im Rahmen einer ärztlichen Untersuchung unter Einschluß der Lebensumstände und unter Hinzuziehung der kardiologischen Daten bestimmen.

Festzuhalten bleibt, daß der Vagustonus meßbar und daß eine Vagusschwäche in ihrem Einfluß auf die Infarktentstehung eindeutig zu diagnostizieren ist. Der basale Vagustonus eines Menschen ändert sich nicht sprunghaft von heute auf morgen, sondern nur allmählich. Änderungen lassen sich in mittelfristigen mehrmonatigen Kontrollen erfassen.

Zur Vorbeugung und Therapie: Körperliches Ausdauertraining ist zentraler Bestandteil der Reha nach einem Herzinfarkt und verbessert nachgewiesenermaßen die Prognose der Infarktpatienten. Körperliches Ausdauertraining steigert den Vagustonus und ist somit auch unter diesem Aspekt ein probates, den meisten Menschen zugängliches Mittel, das Infarktrisiko zu senken. Neben aktiver Bewegung in ihren verschiedensten Formen dürften klimatische Reize, Bäder, Güsse oder regelmäßiger dosierter Saunabesuch zur Stärkung des Vagus beitragen. HRV-Analysen im Bereich der Naturheilverfahren sind bisher allerdings Mangelware.

Entspannungsübungen sind ebenfalls ein wichtiger Teil der Reha-Maßnahmen nach Infarkt. Tägliche 15-minütige Entspannungsübungen steigern die HRV (*Toivanen* et al., 1993). Unter Hypnose wurden beträchtliche Anstiege der Vagusaktivität beobachtet (*DeBenedetti* et al., 1994). In regelmäßigen Entspannungsübungen, Atemübungen und Meditationen sollte ein großes Potential zur Vorbeugung und Behandlung des Herzinfarkts durch die damit verbundene kräftige Stimulierung des Vagus liegen.

Infarktpatienten haben bekanntermaßen ihre beträchtlichen Schwierigkeiten, mit Ruhe und Entspannung umzugehen. So wird das in der Reha erlernte Autogene Training praktisch nie zuhause fortgeführt. Atemübungen oder gar Meditationsübungen werden vom Infarktpatienten in der Regel als Spinnerei abgetan. Hier sollte dringend umgedacht werden. Durch regelmäßige Yogaübungen, durch die gymnastischen Übungen und speziellen Körperhaltungen, die Atemübungen und die verschiedenen Meditationsformen des Yoga kann ein hoher Grad an Tiefenentspannung und damit eine spürbare Kräftigung des Vagustonus erzielt werden. Dementsprechend kommt dem Yoga ein wichtiger Stellenwert in der Infarktprophylaxe zu. Yoga wird mittlerweile flächendeckend in Deutschland angeboten. Die qualitativen Unterschiede sind allerdings beträchtlich. Es wird in Gruppen zu festen Terminen geübt. Das sollte dem Infarktpatienten den Zugang erleichtern.

Yoga ist bekanntlich nicht im Blickwinkel der Schulmedizin. Auch der nächste Punkt entzieht sich bisher der westlichen Medizin. Es ist die Arbeit an der »inneren Energie«, an der Lebenskraft, dem »Qi« (sprich »Tschi«), wie die Chinesen sagen. Der ungestörte Fluß der Lebensenergie steht im Mittelpunkt der traditionellen chinesischen Medizin. Ein ungestörter Qi-Fluß basiert auf einem harmonischen Wechselspiel der beiden Lebenspole »Yin« und »Yang«. Yin und Yang dienen bekanntlich zur symbolischen Beschreibung universeller Phänomene, im Bereich menschlicher Physiologie kommt ihnen das Wechselspiel von Sympathikus und Parasympathikus am nächsten.

Qi ist Leben, ständig in Fluß, ständiger Veränderung unterworfen. Das Qi sammelt sich nach chinesischer Vorstellung in den Organen, durchströmt den Organismus in vorgegebenen Bahnen, den »Meridianen«, und konzentriert sich in bestimmten Zentren, den »Chakren«. Dieser Energiefluß ist kein östliches Geheimnis. Beim »Qi Gong«, übersetzt der »Arbeit am Qi«, den vielfältigen chinesischen Bewegungsübungen ist der Qi-Fluß von sensiblen Personen in kurzer Zeit als warmes Fließen im Körper spürbar. Beim Einstich einer Akupunkturnadel ist häufig die Ausbreitung des inneren Energieflusses auf dem zugehörigen Meridian deutlich wahrnehmbar.

Der Fluß der Lebensenergie ist die Grundlage des Lebens. Die Wahrnehmung des Qi-Flusses ist jedermann zugänglich. Auch wenn sich der Begriff der Lebensenergie in seiner Komplexität einer naturwissenschaftlichen Erfassung bisher entzieht, ist dies kein Grund, dieses zentrale Lebensphänomen außer acht zu lassen.

Das Verhalten der HRV als Maß des Vagustonus ist im Zusammenhang mit Akupunktur und Qi Gong bisher noch nicht untersucht worden. Nach chinesischer Vorstellung führt jede Stagnation des inneren Energieflusses zur Störung der Lebensvorgänge und Krankheit. Die einzelnen Maßnahmen der traditionellen chinesischen Medizin dienen dazu, Gestautes zu entstauen, Rinnsale wiederaufzufüllen, den ungestörten Energiefluß wiederherzustellen. Sympathische Überaktivität wird gedämpft, geschwächte Vaguskraft stimuliert. In diesem Sinn kann von einem starken Einfluß dieser Maßnahmen auf Prophylaxe und Therapie des Herzinfarkts ausgegangen werden. Es wäre schön, wenn von wissenschaftlicher Seite endlich damit begonnen würde, diese Zusammenhänge näher zu untersuchen und abzuklären.

Die Akupunktur ist nach chinesischen Vorstellungen eine hervorragende Methode zur Behandlung der Angina pectoris, der Herzanfälle (*The Academy of Traditional Chinese Medicine*, 1975). Ganz in diesem Sinn äußern sich die deutschsprachigen Autoren von *Bachmann* (1959) über *Bischko* (1973) zu *Stux et al.* (1981). Aus meiner eigenen intensiven 30jährigen Erfahrung mit der Akupunktur kann ich nur unterstreichen, daß herzkranken Patienten mit dieser Methode spürbare Erleichterung verschafft werden kann.

Die Akupunktur verbreitete sich im Westen seit Anfang der siebziger Jahre. Sie verbreitete sich kontinuierlich auf Wunsch der Patienten, weil sie wirksam ist, und gegen die verschiedensten Widerstände der Schulmedizin. Gegenwärtig wird die Akupunkturbehandlung von 3 Schmerzzuständen von den Kassen in einem Modellversuch bezahlt. Diese vorzugsweise orthopädischen Krankheitsbilder sollen möglichst schematisiert behandelt werden. Damit wird man dem breiten Wirkungsspektrum der Akupunktur natürlich nicht im entferntesten gerecht. Zugleich gerät das Grundprinzip der chinesischen Medizin, die Arbeit am Qi, die Regulierung des inneren Energieflusses damit völlig unter die Räder.

Qi Gong- und Tai Chi-Gruppen werden zunehmend in Deutschland angeboten. Die fließend weichen Bewegungen des Tai Chi, einst als Schattenboxen tituliert, zentrieren und sind ein starker Stimulus für den inneren Energiefluß. Qi Gong beruhigt, löst Spannungen und öffnet für die eigene Mitte.

Millionen Chinesen praktizieren jeden Morgen sehr früh Qi Gong und betreiben damit eine wirkungsvolle Herzinfarktprophylaxe. In Deutschland nehmen auffallenderweise ganz überwiegend Frauen die Qi Gong-Angebote wahr. Sich auf die weichen Bewegungen einzulassen, scheint Männern eher fremd. Infarktpatienten werden diese Bewegungsübungen gern als zu weich und zu weiblich abtun. Leider versäumen sie damit viel Gutes für ihr Leben.

Der Vagus reagiert auf Berührung (*Harrison et al.*, 1990). Berührung im liebevollen Umgang miteinander, Berührung durch sanfte Massagen steigert den Vagustonus. Therapeutisch bedeutsam erscheinen mir in diesem Zusammenhang vor allem die indischen ayurvedischen Ölmassagen. Die Behandlung etwa nur des Kopfes oder der Füße bis hin zur von zwei Personen synchron ausgübten Ganzkörpermassage ist von kräftiger Wirkung auf den inneren Energiefluß. Die ayurvedischen Ölmassagen beruhigen und beleben auf ungeahnte Weise. Der Ölstirnguß (»Shirodara«) ist geeignet, ein Tor in neue Dimensionen der menschlichen Existenz zu öffnen. Um jedoch mit den Füßen auf dem Boden zu bleiben, ist festzuhalten, daß Berührung nachgewiesenermaßen den Vagustonus steigert, so daß allen Berührungstechniken und besonders den ayurvedischen Ölmassagen ein starker Einfluß auf Vorbeugung und Rehabilitation des Herzinfarkts zukommen sollte.

Regelmäßiger partnerschaftlicher Sex steigert den Vagustonus (*Brody et al.*, 2000). Sex ist ein gutes Mittel zur Infarktprophylaxe. In Langzeitstudien ist mehrfach gezeigt worden, daß regelmäßige sexuelle Aktivität lebensverlängernd wirkt und speziell auch dem Auftreten von Herzinfarkten und dem Herztod gegensteuert (*Abramov*, 1976; *Persson*, 1981; *Palmore*, 1982; *Kaplan*, 1988; *Davey et al.*, 1997).

Beim Thema Sex und Herzinfarkt ist natürlich die Beziehung von sexueller Aktivität und dem Infarktrisiko von eminenter Bedeutung, besonders für diejenigen, die bereits einen Infarkt hinter sich haben. Dieses Risiko wird nach heutiger kardiologischer Einschätzung als »extrem niedrig« eingestuft (*Kimmel*, 2000; *Muller*, 2000). Sexualverkehr bedeutet für die meisten Männer eine eher geringe Streßbelastung für ihr Herz (*Stein*, 2000). Im allgemeinen wird gesagt, daß Infarktpatienten, die einigermaßen flott und beschwerdefrei zwei Stockwerke zu Fuß hinaufsteigen können, auch Sexualverkehr haben dürfen (*Hellerstein & Friedman*, 1970; *Stein*, 1977). Dieser Vergleich bezieht sich natürlich nur auf die physische Seite. Emotionale Belastungen im Zusammenhang mit sexueller Aktivität muß jeder einzelne für sich selber gewichten.

Das intensive Gefühl gegenüber einem geliebten Menschen führt zu deutlicher Anhebung des Vagustonus (*McCraty et al.*, 1995). Liebe, Berührung und Sex sind starke Stimuli des Vagustonus. Ein kräftiger Vagus schützt vorm Herzinfarkt. Die erotischen Seiten des Lebens besitzen demnach einen großen Stellenwert in der Infarktvorbeugung.

Die starke Heilkraft der Musik und des Gebets sollen nicht unerwähnt bleiben. Das Violinspiel von David und Igor Oistrakh, um nur ein Beispiel zu nennen, ein intensives Gebet, möge es sich an Shiva, an Allah, an Jesus Christus oder an Manitou, den großen Geist richten, vermag zu innerem Frieden zu verhelfen. Meditatives Betreten von inneren Räumen, in denen man ganz still und dankbar wird, liegt auf der gleichen Linie. Es ist anzunehmen, daß durch all dies der Vagus gekräftigt und damit dem Infarkt vorgebeugt wird. In diesem Zusammenhang ist kürzlich gezeigt worden, daß das Rezitieren des Ave Marias beim Rosenkranzbeten und noch stärker das Rezitieren des berühmten Yoga-Mantras »Om-mani-padme-om« zu starken Stimulierungen des Vagus führt (*Bernardi et. al.*, 2001).

Übergewicht und Fettleibigkeit senken HRV und Vagustonus (*Freeman et al.*, 1995). Zur Ernährung im einzelnen liegen bisher keine HRV-Studien vor.

Allein, um den oxydativen Streß gering zu halten, sollte eine fettarme vorzugsweise vegetarische Ernährung ergänzt durch Geflügel und Fisch eingehalten werden. Natürliche Getränke weisen Reduktionspotentiale auf, senken also die oxydative Streßbelastung des Organismus. Unübertroffen wertvoll sind Milchgetränke. Kräutertees, Rotwein und nach dem Reinheitsgebot gebrautes Pilsener wirken ebenfalls günstig (*Kuklinski,* 1995). Zigarettenrauchen senkt die HRV, steigert den oxydativen Streß und sollte von Infarktpatienten, wie von allen Seiten empfohlen, aufgegeben werden.

Einige Bemerkungen und Anregungen zur medikamentösen Therapie des Herzinfarkts.

Im medizinischen Alltag spielen »Betablocker« eine wichtige Rolle in der Therapie des Herzinfarkts. Diese Sympathikus-Blocker führen auf bisher nicht geklärte Weise zu deutlichen Anhebungen der HRV, also zu deutlichen Steigerungen des Vagustonus. Der günstige Einfluß der Betablocker bei der Infarktkrankheit geht zumindest zum Teil auf die Steigerung des Vagustonus zurück. Es konnte gezeigt werden, daß der protektive »anti-ischämische« Effekt der Betablocker, also der Schutz vor erneuten Herzanfällen durch die Einnahme dieser Substanzen, eng an die Steigerung des Vagustonus gebunden ist (*Weber et al.*, 1999).

Einer therapeutischen Steigerung der Vagusaktivität bei der Infarktkrankheit ist bisher vergleichsweise wenig Beachtung zugekommen. Gesicherte Aussagen sind nur zum »Scopolamin« möglich. Scopolamin, primär ein Gegenspieler des Vagus, induziert paradoxerweise nach kurzer Zeit deutliche Steigerungen des Vagustonus. Scopolamin findet als »Scopoderm TTS«-Pflaster Verwendung gegen Übelkeit und Schwindel bei der Reisekrankheit. Ein solches Pflaster, 3 Tage hinter ein Ohrläppchen geklebt, führt zu deutlichen Steigerungen der Vagusaktivität. Dies konnte bei gesunden Personen, bei Patienten mit schwerer koronarer Herzkrankheit und auch bei Patienten nach akutem Herzinfarkt nachgewiesen werden. Außerdem konnte ein »antiischämischer«, vor Herzanfällen schützender Effekt dieser Pflaster bei KHK-Patienten beobachtet werden (*Kochiadakis* et al., 1996). Vor einem unkontrollierten Gebrauch dieser Pflaster muß allerdings aufgrund möglicher, speziell den psychischen Bereich betreffender Nebenwirkungen gewarnt werden.

Aus theoretischen Überlegungen sollte Mangan (nicht zu verwechseln mit Magnesium), das gelegentlich Bestandteil von Vital-Wirkstoff-Präparaten ist, durch Steigerung des Vaguseinflusses in der Herzmuskelzelle einen günstigen Einfluß auf die Infarktkrankheit ausüben. Ebenso ist an bestimmte herzwirksame Glykoside (Stichwort und zugleich Reizwort: »Orales Strophantin«) zu denken, ohne die damit verbundenen komplexen Zusammenhänge hier näher ausführen zu wollen. Die Therapie der Vagusschwäche eröffnet der pharmakologischen Forschung zweifellos neue Perspektiven.

In der medikamentösen Behandlung Herzkranker sollte der Einfluß des jeweiligen Medikaments auf HRV und Vagustonus beachtet werden. Die weit verbreiteten »trizyklischen Antidepressiva«.beispielsweise senken die HRV. In einer Arbeit von *Weber* und Mitarbeitern (1999) führte das Herz-Kreislaufmittel »Nifedipin«, ein »Calcium Antagonist«, zu einer HRV-Senkung. Die Auswirkung eines Medikaments auf die HRV sollte systematisch untersucht werden und beim therapeutischen Einsatz beachtet werden.

Die medikamentöse Belastung herzkranker Patienten ist heutzutage enorm. Eine konsequente Behandlung der Vagusschwäche erscheint geeignet, die medikamentöse Therapie spürbar einschränken zu können. Das wäre für den einzelnen Patienten sowie volkswirtschaftlich von großem Gewinn. Diese Feststellung darf allerdings nicht dahingehend mißverstanden werden, daß man mit der Anmeldung zu einem Yogakurs keine Tabletten mehr einnimmt. Der Vagustonus ändert sich nur allmählich und das Absetzen der Medikamente bedarf des Wissens und der Erfahrung des Fachmanns.

Von großer Bedeutung in der Therapie des Herzinfarkts erscheint mir die Behandlung der häufigen Depressionen, (»Ego-Infarkt«), die sich vor allem nach einem akuten Herzinfarkt entwickeln. Hier sollte, vorzugsweise im Gruppenrahmen, die emotionale Öffnung, die »Öffnung des Herzens«, wie von *Ornish* (1992) propagiert, die Stärkung der Beziehungsfähigkeit der Patienten, im Mittelpunkt stehen. Hausärztliche Interventionen zur Streß-Reduzierung oder bei persönlich-familiären Beziehungskrisen können lebensrettend sein.

Die Öffnung gegenüber ihrer eigenen Psyche fällt Infarktpatienten häufig besonders schwer. Dementsprechend ist ihre Reserviertheit gegenüber allen psychotherapeutischen Ansätzen groß. Die Schulmedizin in ihrer bevorzugt koronaren Ausrichtung verstärkt diese Tendenzen. Vielleicht kann die HRV-Diagnostik hier motivierend nachhelfen. Ein in Zahlen ausgedrücktes Risiko kommt dem Verständnis des Infarktpatienten entgegen. Wenn sich dieses Risiko durch Maßnahmen zur emotionalen Öffnung meßbar verringern läßt, könnten sich die Hemmungen gegenüber solchen Therapien reduzieren.

Emotionale Entfaltung und die Kraft des Vagus sind eng miteinander verknüpft. Die Öffnung gegenüber der eigenen Gefühlswelt, lebendige zwischenmenschliche Beziehungen sind von herausragender Bedeutung in der Vorbeugung und Behandlung des Herzinfarkts. Leben, lieben, lachen, tanzen, singen, all diese hübschen Dinge können helfen, einen Infarkt zu vermeiden. Zentral ist eine liebevolle Partnerschaft, in der auch die erotischen Aspekte selbst im Alter ihren gebührenden Platz haben. Erfülltes Beziehungsleben ist ein starker Stimulus für den Vagus und damit ein guter Schutz vor einem Herzinfarkt.

Anhang:
HRV-Analyse bei der Infarktkrankheit

Inhaltsverzeichnis

1. Einführung 77

2. Methodik der Herzfrequenz-Variabilität(HRV) 81

2.1. HRV-Analyse im Frequenzbereich 81

2.1.1. HF Komponente 83

2.1.2. LF Komponente 83

2.1.3. VLF und ULF Komponente 87

2.2. HRV-Analyse im Zeitbereich 87

2.3. Korrelationen zwischen den HRV Parametern 88

2.4. Stabilität und Reproduzierbarkeit der HRV-Messung 89

3. HRV bei ischämischer Herzkrankheit 91

3.1. HRV bei chronischer ischämischer Herzkrankheit 91

3.2. HRV und Ischämie 99

3.3. HRV in der Akutphase der ischämischen Herzkrankheit 111

3.3.1. HRV bei instabiler Angina 111

3.3.2. HRV bei akutem Myokardinfarkt 115

3.3.3. HRV und Risikostratifizierung nach akutem Myokardinfarkt 121

3.4. Zusammenfassung von Kapitel 3 125

4. HRV und Streß/Disstreß 131

1. Einführung

Dieser Abschnitt beruht auf meiner Arbeitsvorlage für die psychokardiologische Statuskonferenz, also ein Fachgremium. Damit auch der interessierte Laie diesem Text folgen kann, soll die HRV-Methodik im folgenden sehr kurz und anschaulich dargestellt werden. Auch sollen die Folgen des oxidativen Streß für das Herz kurz umrissen werden. Die wesentlichen Aussagen der gesamten Analyse sind im Fazit in allgemeinverständlicher Form dargestellt.

HRV bedeutet Heart Rate Variability oder Herzfrequenz-Variabilität. Die Herzschlagfolge ist nie ganz konstant. Die Schlag-zu-Schlag Differenzen bewegen sich im Bereich von Millisekunden. Die Frequenzanalyse hat ergeben, daß der unregelmäßigen Herztätigkeit bestimmte Rhythmen zugrundeliegen. In Abbildung 1 (S. 82) ist ein solches Frequenzspektrum schematisch dargestellt. Für die von mir durchgeführte HRV-Analyse sind nur die HF (High Frequency) und die LF (Low Frequency) Komponente von Bedeutung.

Bei der HF Komponente handelt es sich um die sogenannte »Respiratorische Sinus-Arrhythmie«, abgekürzt »RSA«, die Anpassung der Herzfrequenz an den Atemzyklus. Die HF Komponente oder »HF Power« ist ein ausgezeichneter Marker der jeweiligen Vagusaktivität.

In der LF Komponente findet die Anpassung der Herzfrequenz an die Blutdruckregulation ihren Ausdruck. Die LF Komponente wird sowohl vom Sympathikus wie vom Vagus beeinflußt, überwiegend vom Vagus.

Der Quotient LF/HF wird häufig benutzt, um das Verhältnis von sympathischer zu vagaler Aktivität zu charakterisieren, zur Kennzeichnung der »sympatho-vagalen Balance«. Mit dieser Interpretation ist jedoch im Einzelfall vorsichtig umzugehen.

Aus der Analyse der zeitlichen Schlag-zu-Schlag Differenzen sind mehrere Bestimmungsgrößen der vagalen Herzaktivität abgeleitet worden (SD-Index, RMSSD, pNN50, wMSD). Diese »Parameter« oder Meßgrößen »korrelieren« in hohem Maße mit der HF Komponente. All diese Größen sind ausgezeichnete Indikatoren der Vagusaktivität.

In der Wissenschaft werden häufig die Zusammenhänge zwischen 2 Phänomenen untersucht. In der statistischen Bewertung wird dabei von »Korrelationen« gesprochen. Eine »signifikante« Korrelation, ein statistisch gesicherter Zusammenhang zwischen 2 Phänomenen ist dann gegeben, wenn die Wahrscheinlichkeit, daß das gefundene Resultat auf Zufall beruht, unter

5% liegt. Irrtumswahrscheinlichkeiten unter 5% werden mit »$p < .05$«, unter 1% mit »$p < .01$« und unter 1‰ mit »$p < .001$« ausgedrückt. Je geringer die Irrtumswahrscheinlichkeit, desto gesicherter der Zusammenhang.

In »signifikanten Korrelationen« kommen gesicherte Beziehungen zwischen 2 Phänomenen zum Ausdruck. Das Ausmaß des Zusammenhangs zwischen 2 Größen wird mit »r«, dem sogenannten »Korrelations-Koeffizienten« erfaßt. Die Spanne bewegt sich dabei von $r = 0.0$, wenn überhaupt keine Beziehung zwischen den Größen besteht, bis annähernd $r = 1.0$, wenn beide Größen praktisch identisch sind.

Zum oxidativen Streß: Die verschiedensten Stressoren wie Abgase, Ozon, Zigarettenrauch, cholesterinreiche Ernährung, Pharmaka, Pestizide, Alkohol und vieles andere mehr führen zur Bildung hochreaktiver, kurzlebiger Substanzen, sogenannter freier Sauerstoff-Radikale im Organismus. Um die Auswirkungen der oxidativen Streßbelastung auf das Herz zu verstehen, ist es notwendig zu wissen, was Endothelzellen sind. Die Endothelzellen bilden die Innenauskleidung der Blutgefäße und stehen damit in ständigem Kontakt mit dem Blutfluß. Endothelzellen sind den genannten Stressoren, die mit dem Blut transportiert werden, in besonderem Maß ausgesetzt.

Die Endothelzellen sind hoch spezialisiert und produzieren u.a. Stickstoffmonoxid (NO). Von den Endothelzellen freigesetztes NO führt zur Erweiterung der Kranzgefäße und hemmt die Blutgerinnung. Es kann angenommen werden, daß von den feinsten Gefäßen, den Haargefäßen oder Kapillaren, die praktisch nur aus Endothelzellen bestehen, freigesetztes NO die Herzmuskelzellen erreicht. Die Wirkungen von NO auf die Herzmuskelzelle sind exakt die gleichen wie die des Vagus. Die Effekte von NO auf den Herzmuskel sind allerdings genauso wenig im Blickfeld der Schulmedizin wie die des Vagus.

Der Vagus entfaltet seine spezifischen Wirkungen dadurch, daß in den Zellen der verschiedensten Organe uniform ein sogenannter »second messenger«, ein bestimmter Botenstoff, das »cGMP« gebildet wird. »cGMP« steuert die parasympathischen Effekte in den Zellen. Stickoxid (NO) entfaltet seine sehr unterschiedlichen Wirkungen in den verschiedensten Körperzellen auf exakt dem gleichen Weg, durch Bildung von »cGMP« in den Zellen. NO und der Vagus arbeiten sozusagen Hand in Hand.

Oxidativer Streß bindet das in den Endothelzellen produzierte NO. NO ist ein aktiver Radikalfänger. NO ist ein Müllfänger ersten Ranges für die freien Sauerstoff-Radikale mit der Folge, daß oxidativer Streß den verfügbaren Gehalt an NO in den Endothelzellen verringert. Das hat zur Folge, daß oxidative Streßbelastung die Erweiterung der Kranzgefäße einschränkt. Die Auswirkungen auf den Herzmuskel gehen in die gleiche Richtung wie bei der Vagusschwäche.

NO und der Vagus üben protektive Einflüsse auf den Herzmuskel aus. Durch Verringerung des verfügbaren NO-Gehaltes der Endothelzellen wirkt chronischer oxidativer Streß in ähnlicher Form infarktgefährdend wie eine Vagusschwäche.

2. Methodik der Herzfrequenz-Variabilität (HRV)

Die Herzschlagfolge unterliegt ständiger Variation durch verschiedene oszillierende Rhythmen. Die Herzfrequenz, genauer gesagt, das Schlag-zu-Schlag Intervall, (NN-Intervall), wird permanent mit den zyklischen Atemexkursionen synchronisiert: Einatmen steigert die Herzfrequenz, Ausatmen verlangsamt sie. Weiterhin wird das NN-Intervall ständig den rhythmischen Fluktuationen der Blutdruck-Regulation angeglichen. Humorale Sinusknotenmodulationen, z.B. durch das Renin-Angiotensin-Aldosteron System werden diskutiert. Schließlich schlägt sich die Tag-Nacht Rhythmik in einer zirkadianen HRV Welle nieder.

Diese verschiedenen Einflüsse auf die Herzschlagfolge werden, abgesehen von den humoralen Faktoren, über das autonome Nervensystem, über sympathische und vagale Efferenzen der Sinusknotentätigkeit aufgeprägt. Damit bietet die Analyse der Herzfrequenz-Variabilität die Möglichkeit, den autonomen kardialen Tonus in seiner Dynamik zu beurteilen.

Der klinischen Kardiologie ist die Bedeutung der Herzfrequenz-Variabilität seit langem bekannt. In ihrer Arbeit »Der unregelmäßige Herzschlag« wiesen *Wenckebach und Winterberg* bereits 1927 auf die Bedeutung der respiratorischen Sinus-Arrhythmie (RSA) als Indikator für ein gesundes Herz hin (*Wenckebach & Winterberg*, 1927). Das als Pulsstarre bezeichnete Fehlen der RSA wurde bereits damals als Begleiterscheinung von Herz-Kreislauferkrankungen erkannt (*Wilhelmson*, 1932).

Der Zusammenhang von reduzierter HRV und gesteigerter Letalität nach akutem Herzinfarkt wurde zuerst von *Wolf et al.* (1978) beschrieben. 1981 führten *Akselrod et al.* die Spektralanalyse der Herzfrequenz-Variabilität ein, wodurch das Verständnis der autonomen Steuerung der Herzschlagfolge entscheidend gefördert wurde. 1987 erschien die erste groß angelegte Risikostudie von *Kleiger et al.*, in der die Bedeutung reduzierter HRV als starker und unabhängiger Prädiktor des Sterberisikos nach akutem Herzinfarkt präzisiert wurde. Mit dieser Studie fand die HRV-Analyse Eingang in die klinische Forschung.

2.1. HRV-Analyse im Frequenzbereich

Die Frequenz- bzw. Spektralanalyse untersucht die unterschiedlichen Rhythmen, die der Herzfrequenz-Variabilität zugrundeliegen. In der graphischen Darstellung eines HRV-Spektrums werden die einzelnen Spektralkomponenten als Energiegehalt bzw. Leistungsdichte oder »Power« gegen die Frequenz aufgetragen. Dabei werden 4 Komponenten voneinander unterschieden: ULF-Power (Ultra Low Frequency), VLF- (Very Low Frequency), LF- (Low Frequency) und HF- (High Frequency) Power (s. Abbildung 1 und Tabelle 1).

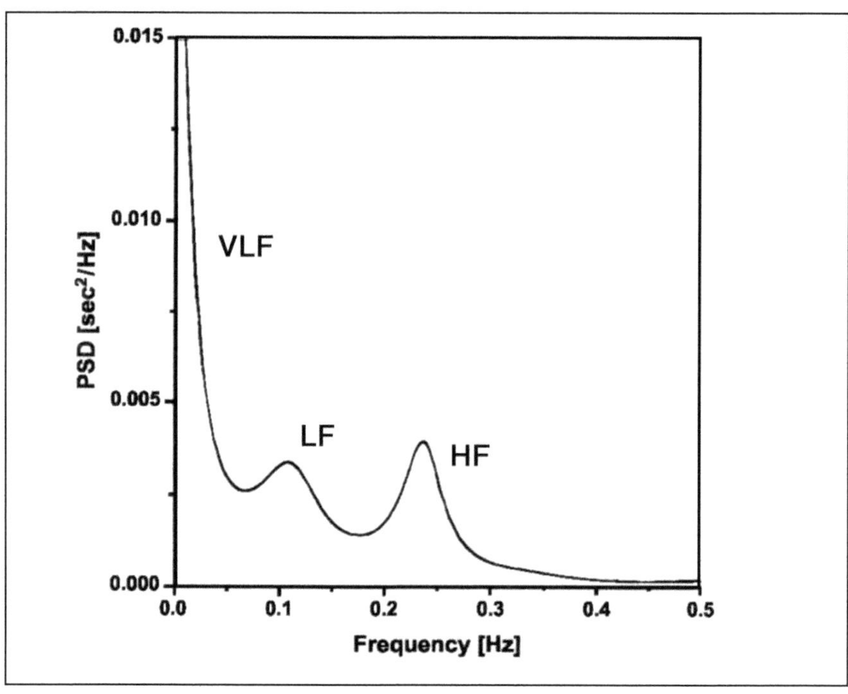

Abbildung 1. Exemplarische Darstellung eines HRV-Spektrums, berechnet nach einem autoregressiven Modell. In Kurzzeit-Aufnahmen kommen nur VLF-, LF- und HF-Power zur Darstellung.

Tabelle 1. Spektralkomponenten der HRV

Gesamt Power	ms^2	0.0 - 0.4 Hz
ULF	ms^2	≤ 0.003 Hz
VLF	ms^2	0.003-0.04 Hz
LF	ms^2	0.04-0.15 Hz
HF	ms^2	0.15 - 0.4 Hz

Für die Analyse des HRV Spektrums sind verschiedene Berechnungsarten eingeführt worden: Methoden, die auf einem non-parametrischen Algorithmus basieren, wie die Fast Fourier Transformation (FFT) und auch autoregressive Modelle. Am häufigsten findet die Fast Fourier Transformation Anwendung. Spektralanalysen sind nur auf periodische, stationäre Signale anwendbar und deshalb nur über kurze Zeitsegmente von 2-5 Minuten sinnvoll. Dabei werden verständlicherweise nur VLF-, LF- und HF-Oszillationen erfaßt. Diese Kurzzeit-

Berechnungen können natürlich aufsummiert und über 24 Stunden gemittelt werden. Extrasystolen und Artefakteinstreuungen können, wenn nicht vollständig bereinigt, zu beträchtlichen Verzerrungen des Spektrums führen.

2.1.1. HF Komponente

Bei der HF Komponente handelt es sich um die respiratorische Sinus-Arrhythmie (RSA), die Anpassung der Herzfrequenz an den Atemzyklus. Entsprechend der Atemfrequenz mit etwa 10-30 Oszillationen/Minute kommt die RSA als hochfrequente Schwingungsgruppe im Bereich von 0.15 - 0.4 Hz im HRV-Spektrum zur Darstellung.

Atropin löscht die HF Komponente fast vollständig aus (-92% im Liegen, -95% im Stehen nach *Pomeranz et al.*, 1985). Die zusätzliche Gabe von Propranolol verursacht keine weiteren Reduktionen (*Pomeranz et al.*, 1985). Vagale Stimulation steigert die HF Power (*Malliani et al.* 1991). Es besteht Einigkeit in der Literatur, daß in der HF Komponente die Modulation des aktuellen Vagustonus durch die Atmung ihren Ausdruck findet. HF Power wird deshalb als Marker tonischer vagaler Aktivität verwendet.

Neben dem Vagustonus beeinflußt auch der Modulator, die Atemform, die HF Komponente. Verlangsamung der Atmung, Vergrößerung des Atemintervalls steigert die RSA ohne Einfluß auf den aktuellen Vagustonus und vice versa. Das heißt, daß sich immer dann, wenn sich der »HF Peak« im Power-Spektrum nach links verschiebt, die ermittelte HF Power den Vagustonus überproportional, bei Rechtsverschiebung unterproportional ausdrückt. Die hohe Stabilität und Reproduzierbarkeit der HRV Parameter bei Gesunden wie bei den verschiedensten kardiologischen Krankheitsbildern, belegen, daß die Variation der Atmung unter Alltagsbedingungen ohne bestimmenden Einfluß auf die HRV-Analyse ist.

Experimentell wurde gezeigt, daß eine maximale Stimulierung der vagalen Aktivität durch eine Phenylephrin-Infusion mit einer hochgradigen Abnahme der HRV einhergeht (*Goldberger et al.*, 1994). Gesättigt-überstimulierte vagale Aktivität verliert an Modulierbarkeit. Solche Dissoziationen zwischen HF Power und Vagustonus sind klinisch nicht beobachtet worden.

Zusammenfassend handelt es sich bei der HF Komponente im HRV-Spektrum um einen nichtinvasiven Parameter zur Quantifizierung des kardialen Vagustonus, dessen Validität hinreichend belegt ist (*Task Force*, 1996).

2.1.2. LF Komponente

Die LF Komponente im Spektrum der HRV findet sich als Energiegehalt bzw. Power mit einem »Peak« im Bereich von 0.04 - 0.15 Hz. Diese niederfrequenten Oszillationen mit einer Periodendauer von 10-25 Sekunden korrespondieren mit der rhythmischen vasomotorischen Aktivität zur Blutdruckregulation, den sogenannten

Mayer-Wellen. Der Vasomotorentonus unterliegt sympathischer Steuerung. Die LF Komponente ist jedoch kein Marker sympathischer Aktivität, sondern wird auf komplexe Weise sowohl vom Sympathikus wie vom Vagus beeinflußt.

Die Verabreichung von Atropin bringt auch die LF Power weitgehend zum Verschwinden: -84% im Liegen, -72% im Stehen. Atropin plus Propranolol führten zu -83% im Liegen und -89% im Stehen nach den grundlegenden Untersuchungen von *Pomeranz et al.* (1985). Die LF Komponente wird demnach im Liegen fast vollständig und im Stehen überwiegend vagal reguliert.

Dementsprechend finden sich hohe Assoziationen im Verhalten zwischen der HF und der LF Komponente. Dies schlägt sich in hohen Korrelations-Koeffizienten zwischen HF und LF Power nieder: r = .89 bei Gesunden (*Kleiger et al.*, 1991), r = .875 bei Patienten mit stabiler KHK (*Pardo et al.*, 1996).

Baroreflektorische Stimulierungen sowohl des Sympathikus (durch pharmakologisch ausgelösten Blutdruckabfall) als auch des Parasympathikus (durch Blutdrucksteigerung) bei gleichzeitiger Blockierung des Antagonisten induzierten in beiden Fällen Steigerungen der LF Komponente (*Akselrod et al.*, 1981).

Eine Zuordnung der LF Power als Indikator sympathischer Aktivität entsprechend der eindeutigen Zuordnung der HF Power als Marker vagaler Aktivität besteht nicht. Daraus erklären sich verschiedene Bestrebungen, durch Modifikationen der LF Komponente den darin enthaltenen sympathischen Aktivitätsanteil stärker hervortreten zu lassen. Am nachhaltigsten erwiesen sich dabei die Einführung der sog. »normalized units« durch die Mailänder Gruppe um *Malliani* sowie deren Interpretation des LF/HF-Quotienten als Ausdruck der sympatho-vagalen Balance (*Pagani et al.*, 1986).

Die Einführung der sog. »normalized units« (nu) geht auf Kipptisch-Versuche (»Tilt«) zurück, bei denen durch schnelle Aufrichtung aus der liegenden in die 90°-Position eine starke baroreflektorische Sympathikusstimulierung erfolgt. Bei diesen »Tilt«-Versuchen resultierte entweder kein oder nur ein schwacher Anstieg der LF Komponente. Die starke sympathische Aktivierung fand in diesen eher geringfügigen Änderungen der LF Power zweifellos keinen adäquaten Ausdruck (*Pagani et al.*, 1986).

Dieses Ergebnis hat zwei Ursachen. Zum einen beruht es auf einem Frequenzeffekt. Kipptisch-Versuche induzieren mittelgradige HR Steigerungen, in der Studie von *Pagani et al.* (1986) beispielsweise um etwa 15 Schläge/min. Je höher die Herzfrequenz, desto kürzer die NN-Intervalle und desto geringer die Varianz der HRV. Der Varianz entspricht im Frequenzspektrum die Gesamt Power. Eine Abnahme der Gesamt Power als Folge gesteigerter HR induziert Reduktionen der Einzelkomponenten entsprechend ihrem Anteil an der Gesamt Power. Da LF und HF zusammen höchstens etwa 20% der Gesamt Power ausmachen, sind die Auswirkungen mittlerer Frequenzsteigerungen wie beispielsweise beim Kipptisch-Versuch auf die LF und HF Power weitgehend zu vernachlässigen.

Die andere und wichtigere Ursache besteht darin, daß »Tilt« außerdem eine hochgradige Reduktion vagaler efferenter Aktivität induziert, kenntlich an einer drastischen Reduktion der HF Power. Diese Abnahme der parasympathischen

Aktivität wirkt sich deutlich auf die ebenfalls stark vagal determinierte LF Power aus. Dort maskiert der vagale Einfluß die reflektorische Stimulierung des Sympathikus.

»Normalized units« sind dadurch definiert, daß die LF bzw. HF Komponente durch die Gesamt Power minus VLF-Anteil dividiert wird: z.B. LF (nu) = LF/(Total Power - VLF) x 100 (*Pagani et al.*, 1986, *Malliani et al.*, 1991). Um dies verständlicher zu machen, sei zunächst darauf hingewiesen, daß Total Power minus VLF eine etwas gespreizte Umschreibung ist für die Summe aus LF und HF Power (s. Abbildung 1). »Normalized« LF bzw. HF bedeutet, daß die Einzelkomponente durch die Summe aus LF und HF dividiert wird. Damit wird in dieser Rechenoperation das Gesamtenergieniveau von LF und HF bedeutungsvoll.

Dieses Gesamtenergieniveau von LF und HF ist in engen Grenzen von der mittleren Herzfrequenz abhängig. LF und HF sind primär vagal determiniert, HF zu fast 100%, LF zu etwa 3/4. Demnach ist die Summenpower von LF und HF ebenfalls in erster Linie vagal determiniert.

Die »normalized« units sind also in hohem Maße von der vagalen Aktivität abhängig. Bei hoher vagaler Aktivität schrumpft die »normalisierte« Power und bei reduziertem Vagustonus steigt die »normalisierte« Power an.

Daraus folgt speziell für LF (nu), daß dieser Index durch Zunahme vagaler Aktivität abnimmt und vor allem, daß LF (nu) durch Reduktion vagaler Aktivität ansteigt. LF (nu) wird ebenfalls gesteigert durch sympathische Aktivitätszunahme bei gleichzeitiger Konstanz vagaler Aktivität.

Im Gegensatz zu LF in Absolutwerten erfährt LF (nu) beim »Tilt« einen deutlichen Anstieg. Daraus zogen die Autoren den Schluß, daß es mit Hilfe dieses Rechenmodus gelungen sei, den in Absolutwerten unkenntlichen sympathischen Aktivitätsanstieg zu erfassen (*Pagani et al.*, 1986). LF (nu) wurde seitdem als Marker sympathischer Aktivität propagiert (*Pagani et al.*, 1986; *Malliani et al.*, 1991; *Montano et al.*, 1994). Diese Interpretation wurde von vielen Gruppen unkritischerweise übernommen. Sie ist jedoch wegen der starken vagalen Determinierung der »normalisierten« Einheiten nicht gerechtfertigt.

Mit den »normalized« units wird offenkundig Augenwischerei betrieben. Vagale Reduktionen erscheinen in »normalisierten Einheiten« als sympathische Aktivitätssteigerungen. Die Berechnung in LF (nu) und HF (nu) hat sich lediglich bei der Erfassung der zirkadianen Rhythmik bewährt. Die sympathischen Aktivitätsanstiege während des Tages bei relativ konstanter HF Power werden mit dieser Methodik anschaulich erfaßt.

Die Umrechnung der HF Power in HF (nu) macht überhaupt keinen Sinn. Eine reduzierte HF Power noch einmal durch die ebenfalls vagal induzierte Absenkung des Gesamtenergieniveaus zu dividieren, führt gelegentlich zu grotesken Verzerrungen. So sank beispielsweise HF Power (in Absolutwerten) bei ergometrischer Belastung von 130 ms^2 in Ruhe auf 45 ms^2, worin sich die Reduktion vagaler Aktivität bei mittlerer körperlicher Belastung ausdrückt. HF (nu) stieg gleichzeitig von 17 auf 20 an (*Tuininga et al.*, 1995). Oder, in der gleichen Arbeit führte Vagolyse mit Methylatropin zu weiterer Absenkung von HF (abs) auf 33 ms^2, wohingegen die »normalisierte« HF Komponente durch die Blockierung des vagalen Einflusses sogar auf 50 anstieg (*Tuininga et al.*, 1995).

Auf die Mailänder Gruppe um *Malliani* geht ebenfalls der Gebrauch des LF/HF-Quotienten als Ausdruck der sympatho-vagalen Balance zurück (*Pagani et al.*, 1986; *Malliani et al.*, 1991). Ein Anstieg dieses Quotienten wird als Verschiebung der sympatho-vagalen Balance zugunsten sympathischer Prädominanz interpretiert und vice versa (*Pagani et al.*, 1986; *Malliani et al.*, 1991; *Malliani et al.*, 1994). Diese Sichtweise ist falsch und blieb ebenso wie die Propagierung der »normalized units« nicht unwidersprochen (*Goldsmith et al.*, 1993). Dennoch ist es erstaunlich, wie schnell die wenigen kritischen Anmerkungen zu diesem Thema im Sande verliefen. Ein Marker sympathischer Aktivität war mit LF (nu) hochwillkommen genauso wie die Beschreibung der sympatho-vagalen Balance durch diesen einfach erfaßbaren Quotienten. Der Blick auf die vagale Dynamik wurde durch die Verwendung dieser Indizes eher verstellt.

Die Untauglichkeit des LF/HF-Quotienten zur Beschreibung der sympatho-vagalen Balance soll an zwei Beispielen verdeutlicht werden. Leichte bis mittlere körperliche Aktivität bis zu einer HR von etwa 100/Minute wird, wie an anderer näher ausgeführt, primär durch Abnahme des hohen Ruhe-Vagustonus gesteuert. So sinken bei ergometrischer Belastung kontinuierlich und gleichsinnig HF und LF Power. Der Quotient LF/HF bleibt im wesentlichen konstant (*Arai et al.*, 1989; *Yamamoto et al.*, 1991; *Tuininga et al.*, 1995). Die deutliche Änderung in der sympatho-vagalen Balance unter körperlicher Belastung durch die starke Reduktion vagaler Aktivität findet im LF/HF-Quotienten keinen Niederschlag. Dies hat seinen Grund in der hohen vagalen Determinierung beider Komponenten, der HF wie der LF Power.

Scopolamin steigert die HF Power um etwa das Vierfache. Durch den gleichzeitigen Anstieg der LF Power um etwa das Doppelte (*Casadei et al.*, 1996) ist der LF/HF-Quotient auch in diesem Fall nicht geeignet, die Änderung der sympatho-vagalen Balance adäquat zum Ausdruck zu bringen.

Eine Reduktion des Vagustonus führt stets zur Reduktion von HF und LF Power, die sich quantitativ nicht immer exakt entsprechen. Der LF/HF-Quotient zeigt deshalb bei vagaler Tonusminderung entweder keine Änderung oder leichte Anhebungen bzw. Absenkungen. Leichte Anstiege des LF/HF-Quotienten bei gleichzeitigem Abfall der HF Komponente können mitnichten als sympathische Aktivitätssteigerungen gewertet werden.

Lediglich Anstiege des LF/HF-Quotienten, die auf LF Steigerungen beruhen bei gleichzeitiger Konstanz bzw. Abnahme der HF Power, sind als sympathische Aktivitätssteigerungen zu werten. In diesen Fällen finden sich häufig starke Anstiege und hohe Absolutwerte des LF/HF-Quotienten.

Der LF/HF-Quotient ist ein untaugliches Maß der sympatho-vagalen Balance. Dennoch wird dieser Quotient in genau dieser Interpretation in vielen Publikationen unkritischerweise verwendet. Dabei läßt sich die sympatho-vagale Balance sehr gut abschätzen, wenn die LF und HF Komponenten in ihren jeweiligen Änderungen miteinander verglichen werden unter Beachtung der Tatsache, daß die LF Power zu beträchtlichen Teilen vagal moduliert wird.

2.1.3. VLF und ULF Komponente

Die physiologischen Korrelate der VLF und ULF Komponente sind bisher nicht genau bekannt, so das Urteil des Expertengremiums der European Society of Cardiology und der North American Society of Pacing and Electrophysiology unter dem Vorsitz von *M. Marek* 1996 (*Task Force*, 1996). Dieses Statement ist bis heute nicht revidiert worden. Als Determinanten dieser Komponenten werden u.a. thermoregulatorische Steuerungsprozesse und humorale Einflüsse des Renin-Angiotensin-Aldosteron Systems auf die Sinusknotenaktivität diskutiert.

2.2. HRV-Analyse im Zeitbereich

Die HRV-Analyse im Zeitbereich untersucht das Ausmaß der Variabilität in der Herzschlagfolge. Die HRV Parameter im Zeitbereich leiten sich entweder von der Messung der Herzfrequenz bzw. NN-Intervalle ab oder sie haben die Differenzen sukzessiver Schlag-zu-Schlag Intervalle zur Grundlage. Im folgenden sollen die wichtigsten HRV Parameter im Zeitbereich dargestellt werden (s. Tabelle 2).

Tabelle 2: Übersicht über die wichtigsten HRV Parameter im Zeitbereich

1. SDNN	ms	Standardabweichung aller NN-Intervalle
2. SD-Index	ms	Mittelwert der Standardabweichungen der NN-Inter-valle für alle 5-Minuten Segmente der Gesamtaufzeichnung
3. SDANN	ms	Standardabweichung der mittleren NN-Intervalle in allen 5-Minuten Segmenten der Gesamtaufzeichnung
4. TI-Index		Mittels dreieckförmiger Interpolation berechnete, artefaktbereinigte Spannweite der NN-Verteilung pro Stunde bzw. 24 Stunden
5. RMSSD	ms	Quadratwurzel aus dem Mittelwert der Summe der quadrierten Differenzen zwischen benachbarten NN-Intervallen
6a. sNN50		Anzahl sukzessiver NN-Intervalldifferenzen > 50ms
6b. pNN50	%	Prozentsatz sukzessiver NN-Intervalldiff. > 50ms bezogen auf die NN-Gesamtzahl
7. wMSD	ms	Median sukzessiver NN-Intervalldifferenzen für die Dauer eines mittleren Atemzyklus

Zunächst sollen die Parameter genannt werden, die sich aus der direkten Messung der Schlag-zu-Schlag- oder NN-Intervalle ableiten. Die am einfachsten zu bestimmende Variable ist die Standardabweichung der NN-Intervalle

(SDNN), die Quadratwurzel der Varianz. Da die Varianz mathematisch gleich der Gesamt Power des HRV-Spektrums ist, reflektiert der SDNN alle zyklischen Komponenten, die für die HR-Variabilität verantwortlich sind. Der SDNN ist ein Allpaßfilter für sämtliche Einflüsse auf die HRV.

Der SD-Index (auch als SDNN-Index bezeichnet) ist der Mittelwert der Standardabweichungen aller NN-Intervalle für alle 5-Minuten-Segmente der gesamten EKG-Aufnahme. Das Zeitintervall von 5 Minuten wirkt wie ein Hochpaßfilter, der nur höherfrequente Oszillationen zuläßt. Der SD-Index erfaßt vorzugsweise HF und LF Power, die in ihrer Summation ganz überwiegend vagal determiniert sind. Der SD-Index korreliert deshalb hochsignifikant mit dem RMSSD und dem pNN50, 2 Parametern, die selektiv den Vagustonus erfassen (s. Tabelle 3).

Im SDANN findet die Standardabweichung der mittleren NN-Intervalle aller 5-minütigen Segmente der gesamten 24-Stunden-Aufzeichnung ihren Ausdruck. Dieser Index wirkt wie ein Tiefpaßfilter und korreliert mit der ULF Power.

Der TI-Index (Triangular Interpolated Index) ist ein geometrisches Maß zur Erfassung der HRV im Zeitbereich. Dieser Index stellt die artefaktbereinigte Basis eines gegebenen NN-Intervall-Histogramms dar.

Alle weiteren Parameter, die die Differenzen der aufeinanderfolgenden NN-Intervalle zur Grundlage haben, sind reine Marker vagaler Herzaktivität. Das liegt an der wesentlich höheren Abbaugeschwindigkeit des Acetycholins im Gegensatz zu den adrenergen Transmittern. Aus diesem Grund ist nur cholinerge Aktivität in der Lage, ein derart kurzes Zeitintervall wie das NN-Intervall zu variieren. Deshalb erfassen alle Parameter im Zeitbereich, die sich auf die sukzessiven NN-Intervalle beziehen, selektiv vagale Aktivität (*Task Force*, 1996).

Bei den klinisch verwendeten Parametern handelt es sich in erster Linie um den RMSSD sowie um den sNN50 bzw. pNN50. Der RMSSD erfaßt den Mittelwert der Differenzen sukzessiver NN-Intervalle. Der sNN50 bzw. pNN50 errechnet die Anzahl bzw. den Prozentsatz der »jumps«, der Differenzen sukzessiver NN-Intervalle > 50ms.

Für unsere Studie haben wir den wMSD (»widowed Median Successive Difference«) entwickelt (*Sroka et al.*, 1997). Dabei handelt es sich um den Median der Schlag-zu-Schlag Differenzen für ein winziges Fenster, das der mittleren Dauer eines Atemzyklus entspricht. Die Bestimmung der aufeinanderfolgenden wMSD Werte über 24 Stunden ermöglicht, den Verlauf der RSA und damit den Verlauf des aktuellen Vagustonus für die gesamte Dauer der Holter-Aufzeichnung zu erfassen.

2.3. Korrelationen zwischen den HRV-Parametern

Die in der Arbeit von *Pardo et al.* (1996) ermittelten Korrelationen zwischen den genannten HRV-Parametern im Zeit- und Frequenzbereich bei KHK-Patienten sind in Tabelle 3 zusammengefaßt. Korrelationen in vergleichbarer Größenordnung finden sich in der Arbeit von *Kleiger et al.* (1991) für gesunde Personen und in der Arbeit von *Bigger et al.* (1995) ebenfalls für KHK-Patienten.

Tabelle 3: Korrelationen zwischen HRV-Parametern im Zeit- und Frequenzbereich (nach *Pardo et al.*, 1996)

	mNN	SDNN	TP	SDANN	SD-Index	LF	RMSSD	pNN50
SDNN	0.499							
TP (ln)	0.439	0.651						
SDANN	0.394	0.975	0.555					
SD-Index	0.543	0.705	0.943	0.583				
LF (ln)	0.392	0.596	0.975	0.507	0.898			
RMSSD(ln)		0.335	0.410	0.839	0.313	0.798	0.764	
pNN50	0.343	0.457	0.859	0.368	0.784	0.787	0.963	
HF (ln)	0.318	0.502	0.908	0.422	0.821	0.875	0.916	0.912

(mNN=mittleres NN-Intervall; TP=Gesamt-Power; ln=natürlicher Logarithmus)

HF, LF, SD-Index, RMSSD und pNN50 korrelieren in hohem Grade miteinander und sind quantitative Marker vagaler Aktivität. Die übrigen Interkorrelationen sind schwächer ausgeprägt.

2.4. Stabilität und Reproduzierbarkeit der HRV-Messung

Stabilität und Reproduzierbarkeit der HRV-Messung sind hinreichend ausgewiesen (*Task Force*, 1996). Diese Feststellung durch das o.a. Expertengremium stützt sich auf ambulante 24-Stunden Messungen an gesunden Personen (*Huikuri et al.*, 1990; *Kleiger et al.*, 1991; *Klingenheben et al.*, 1993; *Nolan et al.*, 1996), bei Postinfarkt-Patienten (*Kautzner et al.*, 1995), bei Patienten mit ventrikulären Arrhythmien (*Bigger et al.*, 1992a), mit chronisch stabiler Angina (*Kamalesh et al.*, 1995; Pardo et al., 1996), mit symptomatischer Angina (*Nolan et al.*, 1996) sowie bei Patienten mit Herzinsuffizienz (*Van Hoogenhuyze et al.*, 1991).

3. HRV bei ischämischer Herzkrankheit

3.1. HRV bei chronischer ischämischer Herzkrankheit

1. Die erste Arbeit, die die Methodik der HRV bei chronischer KHK angewendet hat, stammt von *Airaksinen et al.* (1987). 63 Patienten mit mehrheitlich schwerer KHK (8% Hauptstamm-Stenosen, 54% 3-Gefäß-, 17% 2-Gefäß-, 20% 1-Gefäßerkrankung), 22 Patienten mit atypischen Brustschmerzen und 20 gesunde Kontrollpersonen wurden untersucht. 36 KHK-Patienten hatten einen Myokardinfarkt durchgemacht, keiner befand sich im Akutstadium. Als Methode zur Erfassung der HRV wurde die Variation der Herzfrequenz bei kontrollierter Tiefatmung (6 tiefe regelmäßige Atemzüge über 1 Minute) gemessen. Durch Tiefatmung induzierte HR-Variation war als sensitive und reproduzierbare Methode zur Erfassung der kardialen Vagusaktivität validiert (*Watkins & Mackay,* 1980; *Ewing et al.*, 1981).

Bei KHK-Patienten fand sich eine signifikant geringere HR-Variation während der Tiefatmung als bei gesunden Kontrollpersonen (s. Abbildung 2). Die Reduktion der HRV bei KHK Patienten war unabhängig von Anzahl und Lokalisation stenosierter Koronargefäße und auch unabhängig von der LV-Ejektionsfraktion sowie dem LVEDP.

Unter Verwendung dieser einfachen Methodik kam diese Studie zu dem Ergebnis, daß bei KHK eine autonome Dysbalance vorliegt, die durch Reduktion der vagalen Aktivität charakterisiert ist. Zur sympathischen Tonuslage konnte diese Arbeit keine Angaben machen.

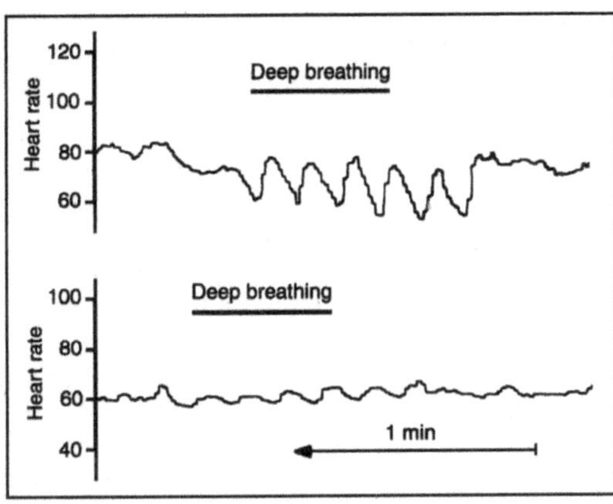

Abbildung 2: Normale Herzfrequenz-Variation während 6 tiefer Atemzüge bei einer gesunden Person (oben) und eine stark reduzierte Herzfrequenz-Variation bei einem Patienten mit KHK (nach *Airaksinen* et al., 1987).

2. *Hayano et al.* (1990a; 1991) legten Anfang der Neunziger zwei Untersuchungen vor, in denen das Verhalten der HRV bei KHK-Patienten mit dem angiographischen Schweregrad der Erkrankung verglichen wurde. In beiden Untersuchungen wurden die Spektralkomponenten CCV_{RSA} = HF und CCV_{MWSA} = LF (MW = Mayer Waves) in einem autoregressiven Verfahren bestimmt. In der 1. Untersuchung (*Hayano et al.*, 1990a) wurden die angiogragraphischen Befunde in 3 Gruppen unterteilt: N = No disease, S = Single vessel disease, M = Multiple vessel disease. Hinzu kam eine Kontrollgruppe C = Controls. Die HF Komponente nahm mit zunehmendem angiographischen Schweregrad signifikant ab (1,64, 1,66, 1,22, 0,81 für C,N,S und M; $p < .01$, S vs N; $p < .05$, M vs S). Die LF Komponente nahm gleichermaßen ab (1,16, 1,18, 0,98, 0,68; $p < .05$, M vs S). Der LF/HF-Quotient zeigte keine signifikanten Veränderungen (0,72, 0,80, 0,91, 0,86).

Die HF Komponente verhielt sich unabhängig von der linksventrikulären Funktion und auch unabhängig davon, ob anamnestisch ein Myokardinfarkt vorlag oder nicht. Diese Untersuchung belegt, daß bei der KHK eine autonome Dysbalance vorliegt, die durch eine signifikante Reduktion des Vagustonus charakterisiert ist. Aus diesen Daten ergeben sich keine Anhaltspunkte für das Vorliegen sympathischer Tonussteigerungen bei chronisch ischämischer Herzkrankheit. Die Reduktion vagaler Aktivität korrelierte in dieser Arbeit mit dem angiographischen Schweregrad, der allerdings mit den Kriterien »0, 1, multipel« relativ grob skaliert war.

3. In der Folgeuntersuchung (*Hayano et al.*, 1991) haben die gleichen Autoren bei 80 angiographierten Patienten die HF Komponente wiederum mit den angiographischen Befunden verglichen. Diesmal verwendeten sie einen differenzierten Stenose Score. Die respiratorische Sinus-Arrhythmie korrelierte univariat signifikant mit diesem Stenose-Score ($p < .007$). Wenn in multivariater Analyse die etablierten Risikofaktoren der koronaren Herzkrankheit in das Regressionsmodell einbezogen wurden, hob sich diese Assoziation auf. Eine unabhängige Beziehung zwischen der RSA und dem Stenosegrad bei KHK bestand in dieser Studie nicht.

4. In der Untersuchung von *Rich et al.* (1988) wurde ebenfalls die HRV mit angiographischen und klinischen Variablen bei 100 zur Angiographie zugewiesenen Patienten verglichen. Als Parameter der HRV wurde der SD-Index verwendet. Die HRV korrelierte in dieser Untersuchung invers mit der mittleren Herzfrequenz ($p < .0001$), Diabetes mellitus ($p < .025$) und dem Gebrauch von Digoxin ($p < .004$). Keine signifikanten Korrelationen fanden sich zwischen dem SD-Index und dem Ausmaß der KHK, der LV-Ejektionsfraktion oder anderen klinischen, elektrokardiographischen oder angiographischen Variablen.

Die Patienten wurden prospektiv über ein Jahr verfolgt. »Major clinical events« ereigneten sich bei 10 Patienten, u. z. 6 Todesfälle und 4 Bypass-Operationen. Das Ausmaß der HRV Reduktion, gemessen mit einem Marker vagaler Aktivität (SD-Index), war auch in diesem Patientenkollektiv ohne vorausgegangenen akuten Myokardinfarkt der schärfste Prädiktor der Mortalität.

5. *Takase et al.* (1992) bestimmtem die HRV mit dem SD-Index bei Patienten mit Diabetes mellitus (mit und ohne autonome Neuropathie, ADN), ischämischer Herzkrankheit, Herzinsuffizienz (NYHA II-IV) sowie gesunden Kontrollpersonen. Bei der ischämischen Herzkrankheit wurde zwischen milder und schwerer Krankheit unterschieden. Milde ischämische Herzkrankheit wurde definiert als 1-Gefäßerkrankung (> 70%-Stenose, LVEF > 50% und Angina Klasse II (CCSC)). Schwere ischämische Herzkrankheit wurde als Mehrgefäßerkrankung, LVEF < 50% und ≥ Angina Klasse III definiert. 4 Patienten mit schwerer ischämischer Herzkrankheit erlitten einen plötzlichen Herztod innerhalb von 4 Wochen nach der initialen Holter Aufzeichnung. Im gleichen Zeitraum verstarben ebenfalls 4 Patienten aus der Herzinsuffizienz Gruppe, deren Herzschwäche der NYHA Klasse IV zugerechnet wurde.

Für den SD-Index ergaben sich für die unterschiedlichen Patientengruppen folgende Werte:

Kontrollpersonen	65,6 ms
Diabetes ohne ADN	44,2 ms
Diabetes mit ADN	26,4 ms
Ischämische Herzkrankheit, mild	49 ms
Ischämische Herzkrankheit, schwer	48 ms
Ischämische Herzkrankheit, präfinal	23 ms
Herzinsuffizienz (NYHA II-IV)	40,0 ms
Herzinsuffizienz, präfinal	19,0 ms

Diese Untersuchung zeigt, daß bei allen drei Krankheitsbildern eine autonome Dysbalance vorlag aufgrund deutlicher Reduktion des Vagustonus. Zum Sympathikustonus sind keine Aussagen möglich. Der Vagustonus war in dieser Studie bei chronisch ischämischer Herzkrankheit auf ein Niveau von etwa zwei Drittel gesunder Kontrollpersonen herabgesetzt ($p < .05$) unabhängig vom Schweregrad des Gefäßprozesses und vom Zustand des Myokards. Vor letalen ischämischen Ereignissen fand sich ein erneuter signifikanter Abschwung der vagalen Aktivität gegenüber der Reduktion bei chronischer Erkrankung ($p < .05$) auf etwa ein Drittel im Vergleich zu Gesunden.

6. *Nolan et al.* (1994) untersuchten die parasympathische Aktivität bei 44 Patienten mit schwerer KHK (symptomatisch trotz maximaler Therapie, > 70% Koronarstenosen, 10 1-Gefäß-, 15 2-Gefäß-, 19 3-Gefäßerkrankungen, normale LVEF, kein vorausgegangener Myokardinfarkt, kein Diabetes, keine Hypertonie). Als HRV Index benutzten sie den sNN50, der von dieser Gruppe entwickelt und validiert worden war (*Ewing et al.*, 1984). Der sNN50 mißt die Anzahl der »jumps«, der NN-Intervalle > 50 ms pro Zeiteinheit als selektives Maß vagaler Aktivität.

Die mittlere Anzahl dieser »Sprünge« fiel nur bei 7% der KHK Patienten unter die Untergrenze des 95%-Konfidenzintervalls gesunder Kontrollpersonen. Diese

Untersuchung registrierte nur bei weniger als 10% der Patienten mit schwerer KHK eine Reduktion der HRV. Eine Beziehung zwischen dem Schweregrad der Koronarstenosen und der vagalen Aktivität war auch in dieser Studie nicht gegeben.

Dieses Ergebnis widersprach allen bis zu diesem Zeitpunkt publizierten Arbeiten und ist bis heute nicht reproduziert worden.

7. 2 Jahre später veröffentlichte die gleiche Gruppe eine ähnliche Untersuchung, die die Reproduzierbarkeit und Sensitivität des sNN50 bei Gesunden, KHK Patienten und Diabetikern zum Inhalt hatte (*Nolan et al.*, 1996). In dieser Arbeit werden die »counts« des sNN50 bei KHK Patienten mit 2.133/24 Stunden angegeben. In der vorherigen Arbeit lag dieser Mittelwert bei 3.912/24 h. Kontrollpersonen hatten in der Folgearbeit 6.280 counts/24 h. Die Reduktion der HRV bei KHK Patienten war jetzt überdeutlich. Die vagale Herzaktivität bei chronisch ischämischer Herzkrankheit betrug in dieser Untersuchung etwa 1/3 von der gesunder Personen.

Natürlich stellten wir uns die Frage, wieso eine so renommierte Gruppe wie die um *Ewing* aus Edinburgh in ihrer ersten Untersuchung aus dem Jahr 1994 derart hohe Werte für die vagale Aktivität ermittelt hatte. Den einzigen verwertbaren Hinweis fanden wir in der Bemerkung, daß das Holter EKG in zeitlichem Zusammenhang mit der Koronarangiographie (»within 7 days«) durchgeführt worden war. Sollte es aus organisatorischen Gründen oft vorgekommen sein, daß das Langzeit EKG direkt nach der ambulanten Koronarangiographie angelegt worden ist, wäre eine Erklärung gegeben. Koronarangiographien stimulieren die vagale Sinusknotenaktivität (*Carson & Lazzara*, 1970). Hinweise zur Erklärung ihrer divergierenden Ergebnisse wurden von den Autoren leider nicht gegeben.

8. 1995 unternahmen *Bigger et al.* den Versuch, Normwerte für die HRV-Parameter bei gesunden Personen mittleren Alters zu bestimmen und diese mit den Werten für Patienten in der frühen Postinfarkt-Phase sowie ein Jahr nach einem Infarkt zu vergleichen. Die Patientenkollektive entstammten dabei zum einen dem *»Multicenter Post Infarction Program« (MPPI)*, deren Holter-EKGs 11±3 Tage nach dem Infarkt auch der *Kleiger* Studie von 1987 zugrundelagen. Die Messungen ein Jahr nach Infarkt entstammten der *»Cardiac Arrhythmia Pilot Study« (CAPS)*. Die Basismessungen beider Kollektive erwiesen sich als vergleichbar (*Bigger et al.*, 1991). Beide Studienpopulationen erfaßten Patienten, die nach einem Infarkt die Intensivstation verlassen hatten. In beiden Kollektiven waren Begleiterkrankungen wie Diabetes mellitus, Hypertonie und Herzinsuffizienz (NYHA II-IV), die ihrerseits die HRV beeinflussen, eingeschlossen.

Die Autoren verwendeten zur Bestimmung der HRV alle verfügbaren Parameter im Zeit- und Frequenzbereich. Alle HRV-Bestimmungen waren bei Patienten mit chronischer und subakuter KHK niedriger als bei gesunden Kontrollpersonen. Die Differenzen waren zwei Wochen nach Infarkt (subakut) größer als nach einem Jahr (chronisch).

Für die Spektralkomponenten LF, HF und den LF/HF-Quotienten ergaben sich folgende Werte:

Tabelle 4: Vergleich der LF-, HF- und LF/HF-Werte zwischen gesunden Personen mittleren Alters und Patienten mit chronischer KHK (CAPS) sowie zwischen gesunden Personen und Patienten nach akutem Myokardinfarkt (MPIP), (nach *Bigger* et al., 1995).

	Gesunde Personen (n=274)	CAPS (n=278)	MPIP (n=684)
LF Power, ms^2	791±563	511±538	277±335
Ln(LF)	6.45±0.68	5.75±1.07†	5.01±1.19†
HF Power, ms^2	229±282	201±324	129±203
Ln(HF)	5.05±0.83	4.69±1.08†	4.28±1.06†
LF/HF	4.61±2.33	3.60±2.43	2.75±2.13
Ln(LF/HF)	1.41±0.51	1.07±0.67†	0.73±0.79†

†p < .01, verglichen mit gesunden Personen
Ln = natürlicher Logarithmus

Diese an breiten Kollektiven in den USA gewonnenen Werte weisen aus, daß bei KHK-Patienten eine autonome Dysbalance vorliegt, die durch signifikante Reduktion des Vagustonus gekennzeichnet ist. Der Sympathikustonus ist bei KHK-Patienten nicht gesteigert. Im Gegenteil, die signifikante Reduktion des LF/HF-Quotienten ist ein Indikator für eine Beeinträchtigung des sympathischen Tonus bei ischämischer Herzkrankheit.

9. Diese Ergebnisse finden ihre Bestätigung in einer neueren Arbeit von *Burger et al.* (1998), in der ein Kollektiv »reiner« KHK-Patienten (23 KHK-Patienten mit chronisch stabiler Angina) unter Anwendung aller denkbaren Ausschlußkriterien mit einem Kontrollkollektiv Gesunder verglichen wurde. Die für die Abschätzung der autonomen Balance wichtigen Parameter ergaben folgende Werte:

Tabelle 5: HRV-Analyse aus 24-Stunden Holter-Aufnahmen (nach *Burger et al.*, 1998).

HRV (ms)	Gesunde Personen	Chronische Angina
SDNN	162±30	115±30*
SD-Index	78±23	48±12*
SDANN	144±32	103±31
pNN50	22±15	5.0±4.5*
Gesamt Power	10.1±0.5	9.5±0.7*
LF	7.3±0.7	6.1±0.7*
HF	6.8±1.2	5.1±0.6*

*p < .0001 verglichen mit gesunden Personen

10. *Mäkikallio et al.* (1998) verglichen konventionelle HRV-Parameter mit fraktalen Korrelationseigenschaften und der Entropie der NN-Intervalle. KHK-Patienten konnten in dieser Untersuchung von gesunden Vergleichspersonen mit einem fraktalen Index unterschieden werden. Die konventionellen HRV-Parameter ergaben ähnliche Werte wie in der vorherigen Arbeit von *Burger et al.* (1998).

11. *Huikuri et al.* (1994) publizierten eine Untersuchung über die zirkadiane Rhythmik der HRV bei Gesunden und bei KHK Patienten. Die KHK Gruppe bestand aus 20 männlichen Patienten mit chronisch stabiler Angina (5 3-Gefäß-, 8 2-Gefäß-, 7 1-Gefäßerkrankungen) ohne vorausgegangenen Myokardinfarkt und ohne Zeichen linksventrikulärer Dysfunktion. Als Maß der HRV verwendeten die Autoren die Spektralkomponenten LF (nu) und HF (nu).

Die drei Graphiken der Abbildung 3 geben die gefundenen Resultate anschaulich wider. Die zirkadiane Rhythmik der HF und der LF Komponente ist bei KHK-Patienten fast aufgehoben. Es resultiert eine annähernde Regulationsstarre für beide Spektralparameter. Das heißt, daß bei der KHK speziell die parasympathische Erholung zur Nachtzeit wie auch der sympathische Aktivitätsanstieg während des Tages drastisch reduziert sind.

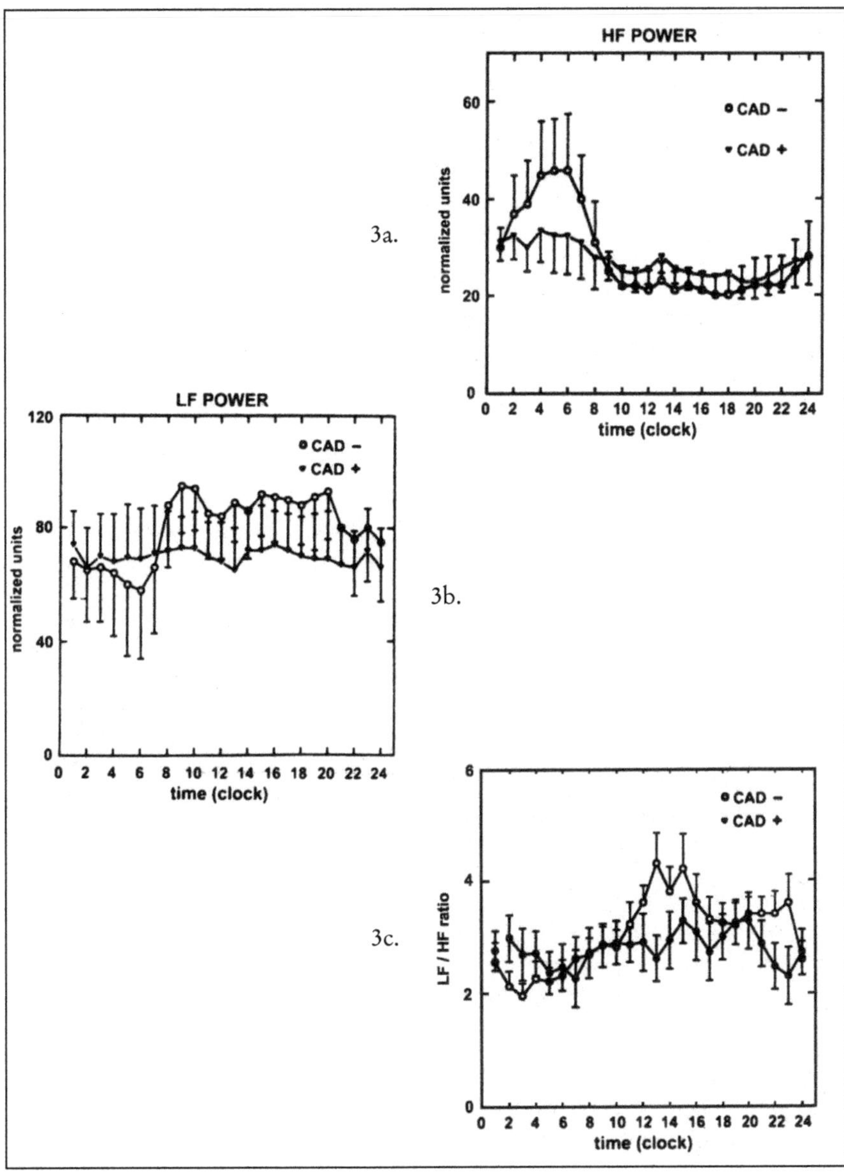

Abbildung 3: Darstellung der zirkadianen Rhythmik der HF Power (Abb. 3a), der LF Power (Abb. 3b) und des LF/HF-Quotienten (Abb. 3c) bei gesunden Personen (CAD-, offene Kreise) und bei Patienten mit chronischer KHK (CAD+, gefüllte Kreise), (nach *Huikuri et al.*, 1994).

Die zirkadiane Tag-Nacht Rhythmik wird hypothalamisch (Nucleus suprachiasmaticus) gesteuert. Sie wird durch Veränderungen der Körperlage - Liegen/Stehen - akzentuiert, deren Auswirkungen bei KHK-Patienten gegenüber Gesunden in dieser Untersuchung ebenfalls abgeschwächt waren.

12. In der Arbeit von *Burger et al.* (1999) wurden sämtliche HRV-Parameter verwendet, um den Effekt einer Betablocker-Therapie auf den zirkadianen Rhythmus bei 23 KHK-Patienten mit chronisch stabiler Angina zu untersuchen. Alle Indizes der HRV (SDNN, SD-Index, pNN50, RMSSD, LF und HF) waren bei KHK-Patienten ohne Betablocker substantiell erniedrigt gegenüber Kontrollpersonen. Die zirkadiane Variation dieser Parameter war noch erkennbar, jedoch deutlich abgeschwächt im Vergleich zu Kontrollpersonen.

Diese beiden Arbeiten zur zirkadianen Variation der HRV (*Huikuri et al.*, 1994; *Burger et al.*, 1999) zeigen, daß die autonome Dysbalance bei KHK-Patienten auf einer zentralen Blockierung parasympathischer Aktivität beruht. Die Untersuchung von *Huikuri et al.* (1994) macht deutlich, daß die Abschwächung des parasympathischen Aktivitätspols mit einer gleichzeitigen Schwächung des sympathischen Pols einhergeht.

13. 1996 erschien im Rahmen der *»Framingham Heart Study«* eine Arbeit, in der die Beziehung zwischen dem Verhalten der HRV und dem Risiko neu auftretender kardialer Ereignisse untersucht wurde (*Tsuji et al.* 1996). Die Teilnehmer dieser Studie rekrutierten sich aus der originalen *Framingham Heart Study* sowie der *Framingham Offspring Study* von 1971. Alle 2.501 Teilnehmer waren zum Studienbeginn frei von klinischen Zeichen einer KHK oder Herzinsuffizienz. Aus einem Langzeit-EKG zum Studienbeginn wurden HRV-Parameter im Zeit- und Frequenzbereich bestimmt. Als Endpunkte (»cardiac events«) galten Angina pectoris, Myokardinfarkt, KHK-Tod und Herzinsuffizienz.

Nach Korrektur für Alter, Geschlecht, Rauchen, Diabetes, Hypertonie und andere relevante Risikofaktoren waren alle HRV-Parameter (SDNN, RMSSD, pNN50, VLF, LF, HF, TP) außer dem LF/HF-Quotienten signifikant mit dem Risiko für ein kardiales Ereignis korreliert ($p = .0016$ bis $.0496$). Aufgrund der Schwierigkeiten, die Diagnose »Angina pectoris« zu objektivieren, wurde eine sekundäre Analyse mit lediglich »harten« Endpunkten: Koronarinsuffizienz, Myokardinfarkt, Herztod und Herzinsuffizienz durchgeführt. Die Assoziation zwischen den HRV-Parametern und diesen Endpunkten war noch stärker als in der primären Analyse.

In dieser Studie erwies sich das Ausmaß der Reduktion vagaler Aktivität vor jeglicher Manifestation einer KHK als ein unabhängiger Prädiktor für das Auftreten kardialer Ereignisse in den Folgejahren.

14. 1997 erschien eine weitere epidemiologische Studie (*Liao et al.*, 1997), in der prospektiv die Beziehung zwischen dem Verhalten der HRV und der Entwicklung einer KHK untersucht wurde. Diese Arbeit war Teil der *ARIC-Studie*

(Atherosclerosis Risk in Communities Study), einer großen Fall-Kohorten Studie in den USA (*ARIC Investigators*, 1989). Diese spezielle Untersuchung bezog sich auf das 3-jährige Follow-up derjenigen 2.618 Personen dieser Studie, die zum Studienbeginn bei eingehender klinischer Untersuchung keine Zeichen einer Arteriosklerose aufwiesen (nach B-Mode Ultraschall-Untersuchung der Arteria carotis) und frei waren von Manifestatationen einer KHK.

Als Grundlage der HRV-Messung diente eine 2-minütige EKG-Aufzeichnung in Ruhe, aus der SDNN, LF und HF bestimmt wurden. Die Entwicklung der KHK wurde am Auftreten von »incident coronary heart disease« verfogt. Als solche galten harte Endpunkte: Myokardinfarkt, der zum Krankenhausaufenthalt führte, Herztod durch KHK sowie Bypass-Op.

Im Verlauf der folgenden drei Jahre wurde in 137 Fällen das Auftreten solcher Ereignisse beobachtet. Dabei fand sich eine signifikante inverse Korrelation zwischen der HF Komponente zum Studienbeginn und dem Auftreten derartiger schwerer Komplikationen einer KHK in den folgenden drei Jahren. (Das relative Risiko für HF betrug 2.25 (95% CI 1.57-3.23) und 1,72 (95% CI 1.17-2.51) in einem einfachen bzw. einem multivariabel berichtigten Modell). Eine ebenfalls inverse, wenngleich statistisch nicht signifikante Beziehung bestand zwischen der LF Komponente und diesem Risiko. Diese Beziehungen bestanden unabhängig von Alter, Geschlecht und der breiten Palette bekannter Risikofaktoren der KHK.

Diese Studie weist aus, daß das Ausmaß der vagalen Reduktion vor jeglicher Manifestation einer KHK signifikant mit dem Auftreten schwerer Komplikationen einer KHK in den Folgejahren verbunden ist. Die vagale Depression als Charakteristikum der autonomen Dysbalance bei chronisch ischämischer Herzkrankheit geht demnach dem koronarsklerotischen Prozeß, der KHK selber, zeitlich voraus. Ihr Ausmaß hat determinierenden Einfluß auf den Verlauf der ischämischen Herzkrankheit.

3.2. HRV und Ischämie

1. Die erste Arbeit, in der das Verhalten der HRV während myokardialer Ischämien untersucht worden ist, stammt von *Bigger et al.* (1990). 46 ischämische Episoden wurden analysiert. Sie entstammten 24-Stunden Holter Aufnahmen von 14 Patienten, die im Rahmen der *»Multicenter Study of Silent Myocardial Ischemia«* 2-6 Monate nach einem Krankenhausaufenthalt wegen Myokardinfarkt bzw. instabiler Angina angefertigt worden waren. 44 ischämische Episoden waren stumm, 2 symptomatisch.

Die HRV wurde spektralanalytisch in 5-minütigen Segmenten für die gesamte 24-Stunden Aufzeichnung bestimmt. Diese 5-minütigen Abschnitte wurden hinsichtlich ihres Ischämiegehaltes in 3 Kategorien unterteilt: 1. »absent«, wenn das Segment keine ST-Senkung enthielt, 2. »partial«, wenn die ST-Senkung weniger als 5 Minuten dauerte, 3. »total«, wenn die ST-Senkung im gesamten 5-Minuten Abschnitt vorhanden war.

Die Ergebnisse sind in Tabelle 6 zusammengefaßt:

Tabelle 6: Spektraldaten während ischämischer Episoden mit ST Senkung aus 24-Stunden Holter-Aufnahmen (nach *Bigger et al.*, 1990).

	Ischämie-Kategorie für das 5-Minuten Segment		
	Absent (n=4.004)	Partial (n=67)	Total (n=37)
LF Power, ms^2	586±109	290±153	200±204
Ln(LF)	2.38±0.10	2.11±0.12*	1.97±0.15†
HF Power, ms^2	193±47	92±70	118±87
Ln(HF)	1.89±0.10	1.59±0.11†	1.53±0.14†
LF/HF	4.60±0.52	4.73±0.73	4.10±1.00
Ln(LF/HF)	0.49±0.05	0.53±0.07	0.45±0.09

* $p < .05$ im Vergleich zur Kategorie ohne Ischämie
† $p < .01$ im Vergleich zur Kategorie ohne Ischämie
(Ln = natürlicher Logarithmus)

LF Power und HF Power nahmen in Absolutwerten während ischämischer Episoden auf etwa die Hälfte ihrer Ausgangswerte ab. Der Quotient LF/HF änderte sich nicht wesentlich während der Ischämien. Das heißt, daß die vagale Aktivität in dieser Studie während myokardialer Ischämien signifikant reduziert war im Vergleich zur restlichen ischämiefreien Holterzeit. Während der Ischämien war die Sympathikusaktivität nicht gesteigert.

Die HR betrug vor einer ischämischen Episode im Durchschnitt 80 ± 18/min und während der Ischämien im Durchschnitt 88 ± 19/min. Auch diese Werte sind kompatibel mit einer Modulation der HR während ischämischer Episoden allein durch Rückgang der vagalen Aktivität ohne Sympathikusaktivierungen.

2. *Brouwer et al.* (1994) untersuchten das Verhalten von HR und HRV vor, während und nach Episoden stummer myokardialer Ischämien bei 14 Patienten mit chronisch stabiler Angina. Holter Aufzeichnungen nach 1 Woche Plazebo Medikation lieferten 33 analysierbare ischämische Episoden mit ST-Strecken-Senkung. HRV-Parameter im Zeit- und Spektralbereich kamen zur Anwendung.

Die wesentlichen Ergebnisse dieser Studie sind in Tabelle 7 zusammengefaßt.

Tabelle 7: HRV vor, während und nach stummen ischämischen Episoden bei Patienten mit chronisch stabiler Angina (nach *Brouwer et al.*, 1994)

	Zeit (min)	HR (bpm)	pNN50 (%)	LF (abs.)	HF (abs.)	LF/HF
	-30	75	11.8	215	63	3.4
(vor)	-15	77	9.6	255	55	4.7
	-05	83	6.9	148	36	4.1
(während)		95	4.6	148	28	5.2
	+05	89	5.2	155	32	4.9
(nach)	+15	81	7.4	203	45	4.5
	+30	78	7.4	169	41	4.1

Diese Untersuchung zeigt einen deutlichen kontinuierlichen Rückgang der selektiv vagalen HRV-Parameter pNN50 und HF in den 30 Minuten vor Ischämiebeginn, speziell in den letzten 15 Minuten. Der Verlauf von LF ist schwankend, insgesamt findet sich ebenfalls ein signifikanter Abfall in den 30 Minuten vor Ischämiebeginn. Der Quotient LF/HF steigt etwas an, wobei der präischämische Anstieg in den letzten 5 Minuten ausschließlich auf eine Reduktion von HF zurückgeht.

Insgesamt zeigen die HRV Parameter einen präischämischen Abfall, niedrigste Werte während der Ischämie und einen postischämischen Anstieg. Die HR verhielt sich dazu invers. Der präischämische HR-Anstieg betrug 8 Schläge/Minute, der maximale HR-Anstieg während der Ischämie 20 Schläge/Minute.

Diese Untersuchung weist aus, daß der Auslösung einer stummen myokardialen Ischämie ein Abschwung vagaler Aktivität auf etwa die Hälfte der Ausgangswerte in den letzten 15 - 30 Minuten vorausgeht. Während der Ischämie bleibt die vagale Aktivität reduziert und steigt postischämisch erneut an. Ein sicherer sympathischer Aktivitätsanstieg ist diesen Daten lediglich 15 Minuten vor Ischämieauslösung zu entnehmen. Die Bewegung der LF Power erscheint ansonsten im wesentlichen vagal determiniert.

3. In einer Folgearbeit der gleichen Gruppe bestätigten *van Boven et al.* (1995) den Abschwung von HF (abs) und LF (abs) während der Ischämie sowie einen leichten postischämischen Wiederanstieg dieser Parameter bei 51 Patienten mit chronisch stabiler Angina unter Betablocker-Therapie. Die sich daran anschließenden Berechnungen in den sogenannten »normalized units« sollen an dieser Stelle nicht wiedergegeben werden, weil diese Berechnungsmethode zu verzerrten Ergebnissen führt (s. Methodikteil).

4. *Goseki et al.* (1994) untersuchten das Verhalten von HR und HRV in den 30 Minuten, die einer stummen Ischämie vorausgingen bei 19 Patienten mit chronisch stabiler KHK. Aus 24-Stunden Holter-Aufzeichnungen wurden 33 stumme ischämische Episoden analysiert. Als HRV-Parameter wurden die Spektralkomponenten LF und HF bestimmt.

Diese Studie zeigt einen signifikanten Abschwung der HF Komponente in den letzten 10 und speziell in den letzten 2 Minuten vor Ischämieauslösung ($p < .001$, jeweils im Vergleich zum Basisintervall, 40.-30. Minute). In den letzten 30 Minuten vor Ischämiebeginn fanden sich keine signifikanten Differenzen im Verhalten des LF/HF-Quotienten sowie der HR im Vergleich zu einer 30-minütigen Vergleichsperiode vor einem »non-ischemic point«.

Auch diese Untersuchung belegt einen signifikanten präischämischen Abschwung der vagalen Aktivität. Dieser Rückgang vagaler Aktivität beginnt in dieser Studie 10 Minuten vor Ischämiebeginn und prononciert sich in den letzten 2 Minuten. Sympathische Aktivitätssteigerungen vor stummen Ischämien können aus dieser Untersuchung nicht abgeleitet werden.

5. *Vardas et al.* (1996) befaßten sich mit dem Verhalten von HR und HRV vor, während und nach nächtlichen Ischämien mit ST-Senkungen bei Patienten mit schwerer KHK (chronisch stabile Angina bei 3-Gefäß-Erkrankung). Aus ambulanten 24-Stunden Langzeit-EKGs wurden 30 derart definierte ischämische Episoden analysiert. Als HRV-Parameter wurden die HF und LF Power in 2-minütigen Segmenten bestimmt. Untersucht wurde die Zeitspanne von 10 Minuten vor Ischämiebeginn bis 10 Minuten nach Ischämieende.

Präischämisch fand sich wiederum ein signifikanter Abfall der HF Komponente ($p < .0001$). Der tiefste HF-Wert lag bei Ischämieauslösung. Während der Ischämien stieg HF zunächst leicht, vor Ischämieende stärker an, um ca. 6 Minuten nach Ischämieende etwa das Ausgangsniveau wieder erreicht zu haben.

Die LF Komponente zeigte im gesamten Untersuchungsintervall eine inkonsistente Zick-Zack-Bewegung. Der LF/HF-Quotient wies leichte Schwankungen auf.

HR verhielt sich fast durchgehend invers zur Bewegung der HF Komponente. Das Verhalten der Herzfrequenz war also im wesentlichen vagal bedingt. Der präischämische HR Anstieg betrug im Durchschnitt 12 Schläge/min., der maximale HR Anstieg während der Ischämien 15 Schläge/min. (von 71 auf 83 bzw. 86 Schläge/min).

Diese Untersuchung bestätigt das Muster vagaler Reduzierung im Zusammenhang mit ischämischen Prozessen, das in den bisher angeführten Studien deutlich geworden ist. Zwingende Anhaltspunkte für sympathische Aktivierungen können den Daten dieser Studie nicht entnommen werden.

6. Auch *Dilaveris et al.* (1996) untersuchten das Verhalten von HR und HRV unmittelbar vor 138 ischämischen ST Senkungen bei 35 Patienten mit koronarer Mehrgefäßerkrankung. 82,6% der Ischämien waren stumm, 17,4% symptomatisch. Die Autoren konzentrierten sich auf das 5-Minuten Intervall direkt vor Ischämieauslösung und verglichen das Verhalten der bestimmten Parameter in diesem Abschnitt mit der 24-Stunden Periode. Es kamen HRV Indizes im Zeit- und Spektralbereich zur Anwendung.

Die HF Komponente war in den präischämischen 5 Minuten gegenüber dem 24-Stunden Wert herabgesetzt ($p < .06$, ns). Die HF Komponente (Ln HF5) korrelierte invers mit der Größe der ST-Senkung ($p < .05$) und der Koeffizient der Varianz (CV5) korrelierte invers mit der Dauer der ischämischen Episoden ($p < .05$). Diese Korrelationen zwischen reduzierter HRV und Dauer bzw. Schwere der Ischämie sind bisher nicht bestätigt worden.

HR betrug im präischämischen 5-Minuten Intervall im Durchschnitt 71,5, während des 24-Stunden-Verlaufs 67,4 Schläge/min. Dieser leichte präischämische HR-Anstieg ist wiederum als Ausdruck der vagalen Reduktion ohne begleitende sympathische Aktivitätsanstiege zu werten.

7. In unserer Arbeit (*Sroka et al.*, 1997) untersuchten wir das Verhalten von HR und HRV während 41 ischämischer Episoden (36 ST-Senkungen, 5 ST-Hebungen) bei 22 Patienten mit chronischer KHK. Als HRV-Parameter im Zeitbereich entwickelten wir den wMSD (s. Methodikteil), der es uns ermöglichte, den Verlauf des Vagustonus in kleinsten Schritten für die gesamte Dauer der Holter-Aufzeichnung zu erfassen. Außerdem wurden die Spektralkomponenten LF und HF bestimmt.

Durch Verwendung des wMSD als Marker des Vagustonus kam ein kurzwelliges Bewegungsmuster als Grundstruktur der vagalen Aktivität sowohl zur Tages- als auch zur Nachtzeit anschaulich zur Darstellung (s. Abbildung 4 a,b,c). Das wichtigste Ergebnis unserer Studie war die Aufdeckung einer wellental- bzw. muldenförmigen Gestalt in der vagalen Bewegung im Zusammenhang mit den ischämischen Episoden. Diese charakteristische muldenförmige Figur ging dem ähnlich strukturierten Verlauf der ST-Senkung unmittelbar voraus. In der überwiegenden Mehrzahl der von uns untersuchten Ischämien ging ein deutlicher Abschwung des wMSD der Ischämieauslösung knapp 2 Minuten voraus. Während der Ischämie verblieb die HRV auf niedrigem Niveau. Dem Ischämieende ging ein Wiederanstieg des wMSD wiederum unmittelbar voraus. Die HR verhielt sich weitgehend spiegelbildlich zum Verlauf des wMSD (s. Abbildung 4a).

Diese muldenförmige Figur unterscheidet sich strukturell nicht vom sonstigen wellenförmigen Bewegungsablauf des Vagustonus. Sie ist kein Spezifikum, das nur in Zusammenhang mit Ischämien auftritt und womöglich als Folge einer Ischämie zu deuten wäre. Die einzige Besonderheit lag in der Tiefe des präischämischen Abschwungs, in der hochgradigen Reduktion vagaler Aktivität.

Dieser präischämische finale Abfall in einen Bereich minimaler Aktivität war in unserer Untersuchung häufig eingebettet in vorausgehende Abschwungbewegungen des Vagustonus während der letzten 10 oder, wie die Abbildung 4b demonstriert, während der letzten 60 Minuten. Das Auftreten ischämischer Zeichen im EKG folgt dem ischämischen Myokardprozeß mit einer leichten zeitlichen Verzögerung von etwa 20 Sekunden (*Nixdorff et al.*, 1997). Diese zeitlichen Zusammenhänge schließen aus, daß der präischämische Abfall vagaler Aktivität eine Reaktion auf die Ausbildung einer myokardialen Ischämie ist.

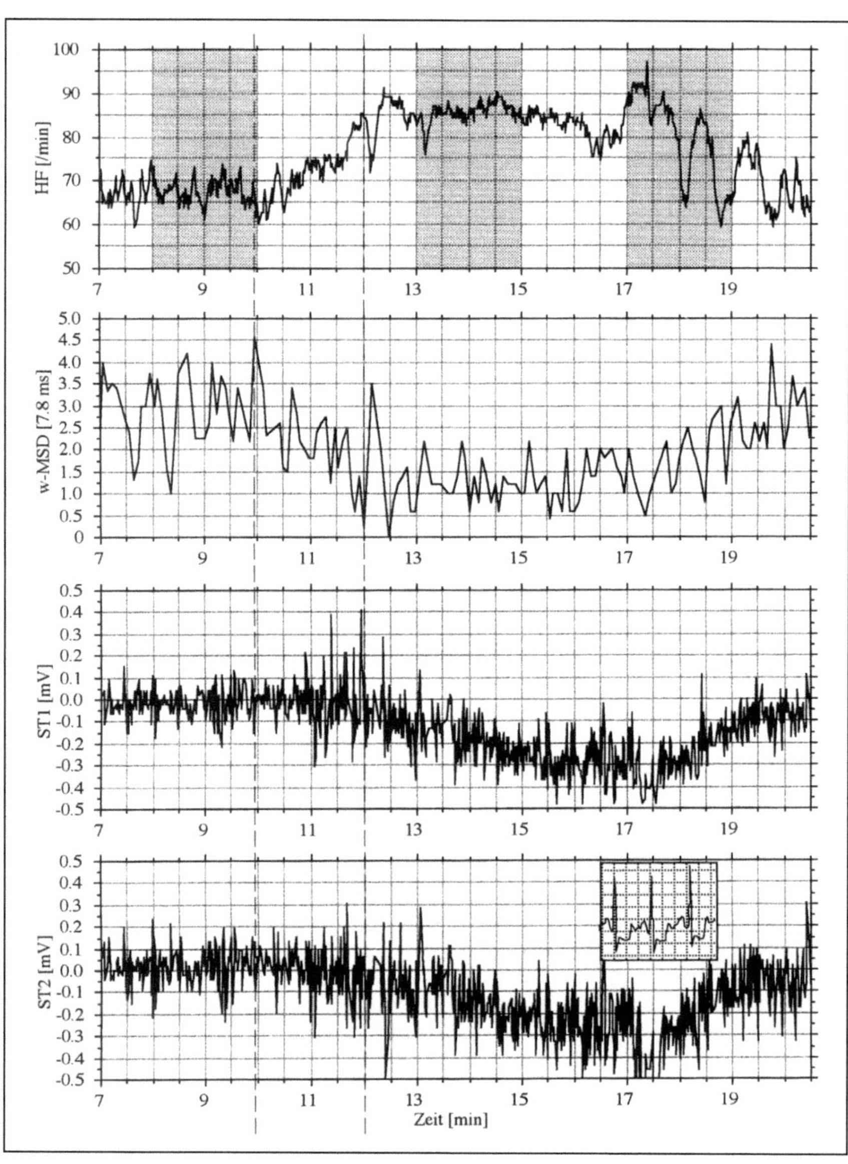

Abbildung 4a: Beispiel für den Verlauf der Herzfrequenz (HF) und des wMSD als Marker der vagalen Aktivität vor und während einer Ischämie mit ST Senkung (ST1 am J Punkt, ST2 80 ms danach). Die muldenförmige Absenkung des wMSD geht einem ähnlich strukturierten Ischämieverlauf um etwa 2 Minuten voraus. Der Anstieg der Herzfrequenz nach der 17. Minute verstärkt die Ischämie (nach *Sroka et al.*, 1997).

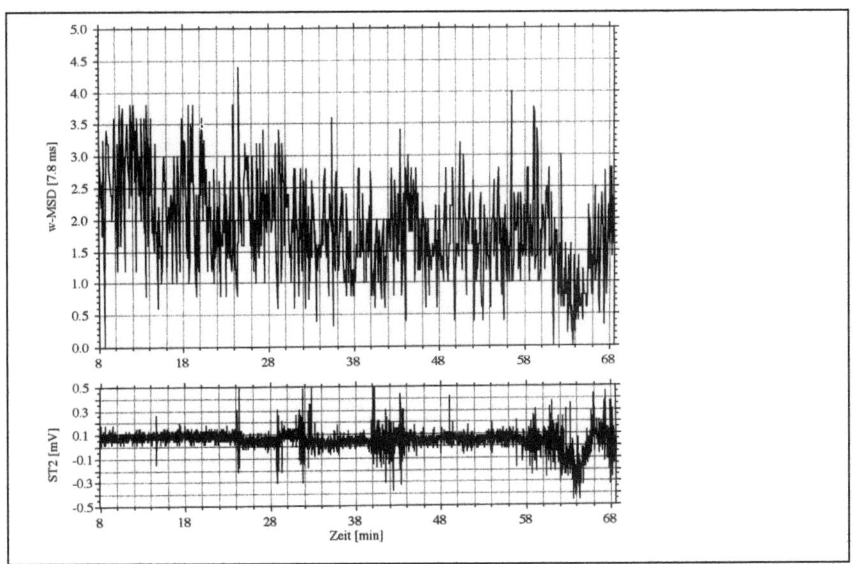

Abb. 4b: Verlauf von wMSD und ST2 bei einem KHK-Patienten während einer frühen Morgenstunde (5:08-6:08). Der wMSD als Indikator des Vagustonus nimmt sukzessive in einem wellenförmigen Verlauf ab. Der hochgradige Abschwung gegen Ende des Ausschnitts führt zur Auslösung einer Ischämie.

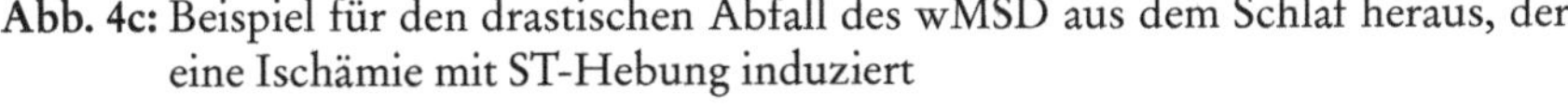

Abb. 4c: Beispiel für den drastischen Abfall des wMSD aus dem Schlaf heraus, der eine Ischämie mit ST-Hebung induziert

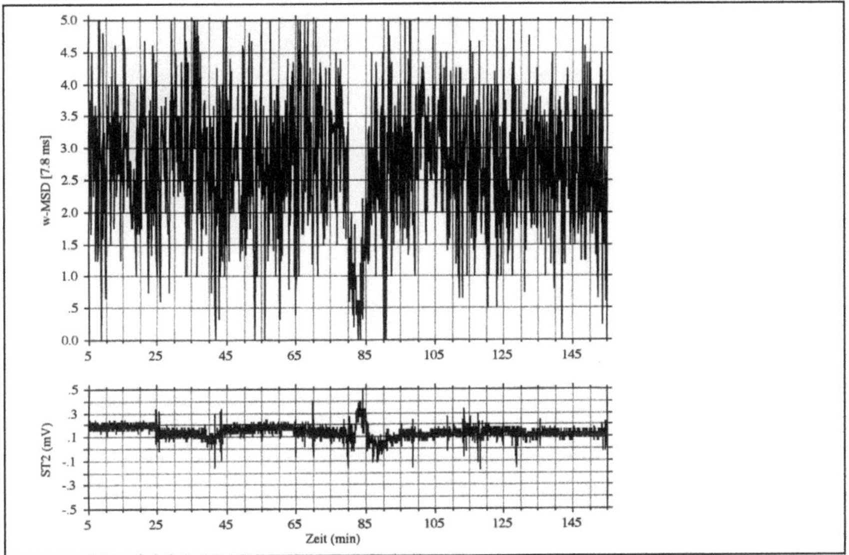

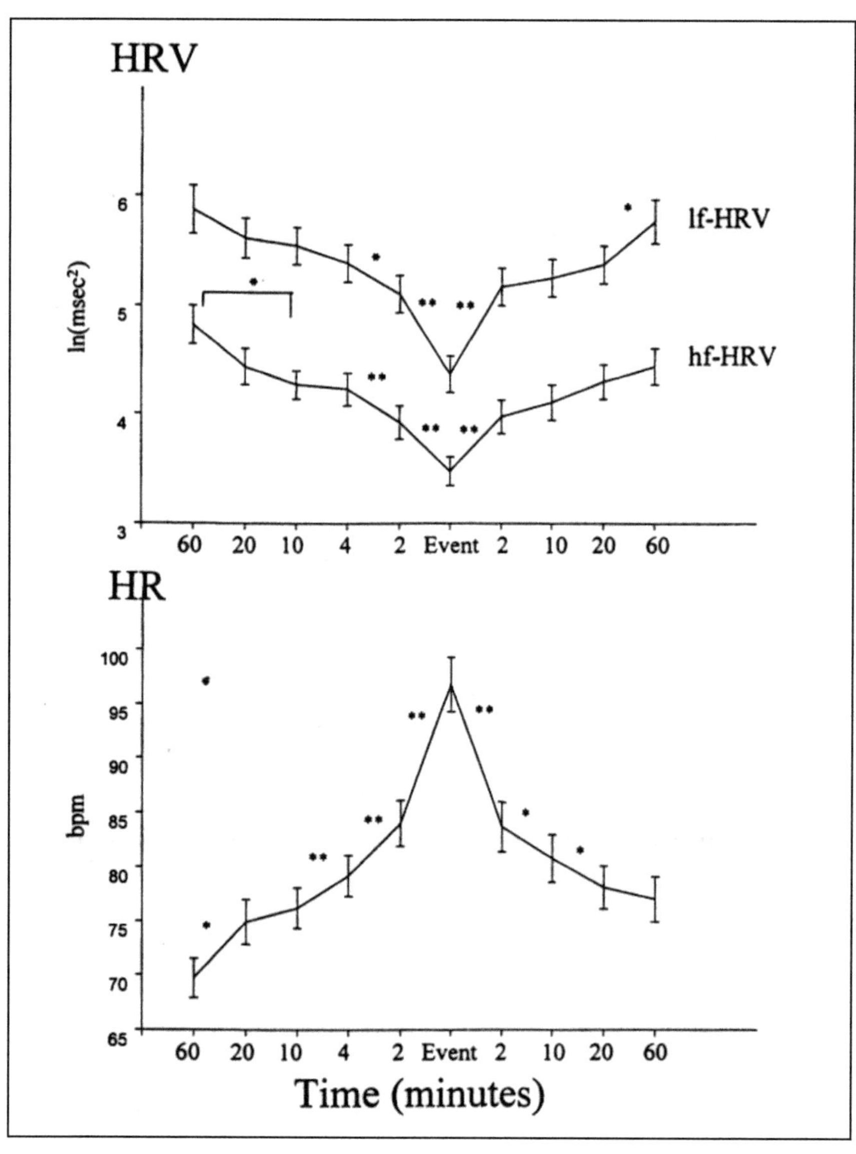

Abbildung 5: Das Verhalten von HRV und HR in zeitlichem Zusammenhang mit 68 im täglichen Leben aufgetretenen Ischämien bei Patienten mit stabiler Angina pectoris. hf-HRV=HF Power als entscheidender Marker der Vagusaktivität,lf-HRV=LF Power, HR=Herzfrequenz (nach *Kop et al.*, 2001).

HR betrug in den letzten Minuten vor Ischämieauslösung im Durchschnitt 81,5, während der Ischämieauslösung 86,4 Schläge/min. Der präischämische Abschwung der vagalen Aktivität, der im allgemeinen etwa 2 Minuten vor Ischämieauslösung begann und deutlich in die Anfangsphase der Ischämie hineinreichte, war stets von spiegelbildlichen Anstiegen der HR begleitet, die insgesamt im Durchschnitt etwa 15 Schläge/min betrugen. Passagere HR-Steigerungen bei Konstanz bzw. Zunahme des wMSD ließen in ca. 1/3 der Fälle auf sympathische präischämische Aktivitätszuflüsse schließen. Lediglich 5% der Fälle wurden durch Tachykardien ohne Bewegung im Verlauf des wMSD ausgelöst.

Unsere Untersuchung belegt den ursächlichen Einfluß hochgradig reduzierter vagaler Aktivität auf die Auslösung und den Verlauf myokardialer Ischämien. Der Umkehrschluß, daß der ischämische Prozeß selber die vagale Reduktion verursacht, entfällt aufgrund der dargestellten zeitlichen und strukturellen Zusammenhänge. In einem Teil der Fälle waren begleitende sympathische Aktivitätssteigerungen vor Ischämieauslösung anzunehmen. Das Hinzutreten sympathischer Aktivierung während der Ischämien verstärkte die ST-Senkungen und damit den Ischämieverlauf.

8. Unsere Ergebnisse sind in der soeben erschienenen Studie von *Kop et al.* (2001) aus Bethesda, Maryland, also einer ersten Adresse im Wissenschaftsbetrieb, vollauf bestätigt worden. In dieser Studie wurden bei 19 Patienten mit stabiler Angina pectoris 48-Stunden Langzeit EKGs angefertigt. Es fanden sich 68 ischämische Episoden. Spektralanalysen der HRV wurden im Zeitraum von 60 Minuten vor Ischämieauslösung bis 60 Minuten nach Ischämieende durchgeführt.

Das Verhalten von HRV und HR in diesem Zeitraum ist in Abbildung 5 dargestellt. Als Grundmuster dieser Ischämien fand sich ein kontinuierlicher Abfall der HF Power als Marker des Vagustonus innerhalb der letzten 60 Minuten vor Ischämieauslösung. Die Abnahme des Vagustonus auf hochgradig reduzierte Werte akzentuierte sich in den letzten 4 bzw. 2 Minuten vor dem Ischämieereignis. LF Power verhielt sich ganz ähnlich. Anstiege des LF/HF-Qotienten ergaben sich nicht, so daß sympathische Aktivitätsanstiege in der Regel an der Ischämieauslösung nicht beteiligt waren.

Wie in unserer Untersuchung erwies sich das Verhalten der HR rund um ischämische Ereignisse als vorrangig vagal bedingt. Der spiegelbildliche Verlauf von HRV und HR illustriert diesen Zusammenhang.

In dieser Studie wurden ischämische Phasen mit non-ischämischen Kontrollphasen gleicher Herzfrequenz verglichen. Immer dann, wenn die HR ein vergleichbares Niveau wie bei der Ischämieauslösung erreichte, ohne daß eine Ischämie auftrat, fand sich kein signifikanter Abfall der HRV. Diese HR-Steigerungen mußten demnach wesentlich sympathogen, also streßbedingt gewesen sein. Frequenzsteigerungen per se waren nicht ischämieauslösend. Wie in unserer Untersuchung erwies sich als entscheidendes Agens die Bewegung des Vagus, die vorübergehende akute hochgradige Reduktion der Vagusaktivität.

9. In einer neueren Arbeit haben Kochiadakis et al. (2000) den Einfluß der vagalen Depression auf die Ischämieauslösung näher präzisiert. In dieser Studie wurden bei 38 Patienten mit stabiler Angina insgesamt 110 ischämische Episoden spektralanalytisch untersucht. LF und HF Power wurden 10 Minuten vor, während und 10 Minuten nach den Ischämien bestimmt.

Während des Tages wurden in 1/3 der Fälle keine Änderungen der Spektralparameter beobachtet. In 2/3 der Fälle fanden sich während des Tages signifikante Abschwünge der HF Power als Marker des Vagus. LF Power zeigte unwesentliche wechselnde Bewegungen. Alle nächtlichen Ischämien waren charakterisiert von starken Reduktionen der HF Power und gleichzeitigen deutlichen Anstiegen der LF Power. Es resultierten dementsprechend starke Anstiege des LF/HF-Quotienten als Ausdruck einer die vagale Depression begleitenden sympathischen Erregbarkeitssteigerung.

Obwohl nicht die einzige Ursache, spielt das autonome Nervensystem nach dieser Untersuchung eine signifikante Rolle in der Auslösung myokardialer Ischämien. Der durchgehende Faktor in all diesen Episoden ist eine Abnahme des Vagustonus. Etwa 80% aller Ischämien im täglichen Leben werden nach dieser Studie durch eine zunehmende Blockierung des Vagus getriggert.

10. In der Arbeit von *Takase et al.* (1992) findet sich eine Graphik, die die Entwicklung des Vagustonus während der letzten 2 1/2 Lebensjahre eines Patienten skizziert (s. Abbildung 6).

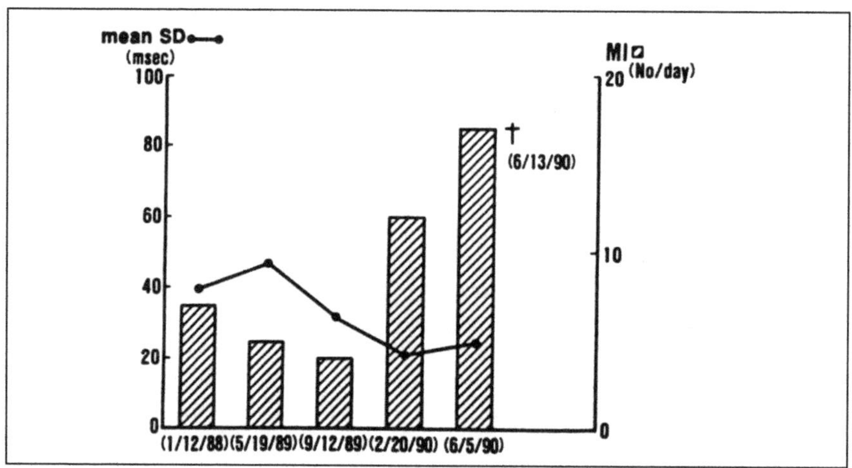

Abbildung 6: Verlauf einer vagalen Depression beim Übergang von stabiler zu instabiler Angina (nach *Takase et al.*, 1992, siehe Text. SD = SD-Index; MI = Anzahl der myokardialen Ischämien pro Holter-Aufnahme).

In dieser Abbildung wird der Verlauf des SD-Index als Maß vagaler Aktivität zusammen mit der Anzahl der in Holter-Aufzeichnungen registrierten Ischämie-Episoden dargestellt. In dieser Publikation ist ein SD von < 30 ms als »cutoff point« für ischämische Todesfälle herausgearbeitet worden.

Anfang 1990 (20.2.90) rutschte der SD-Index dieses Patienten unter die kritische Grenze von 30 ms. Im Juni desselben Jahres verstarb der Patient. Der finale Ausgang erklärt sich hier auf dem Boden einer längerfristigen Entwicklung. Die ausgeprägte vagale Depression, die in den kritischen Werten des SD-Index ihren Ausdruck findet, induzierte in den letzten Lebensmonaten offenbar eine hochgradige Instabilität seiner ischämischen Herzkrankheit.

11. Das Verhältnis von HRV und »ischemic sudden death« (arrhythmischer Herztod im Verlauf einer ischämischen Episode) wurde von *Pozzati et al.* (1996) untersucht. Die Autoren analysierten die Holter Tapes von 8 Patienten (4 mit stabiler, 4 mit instabiler Angina), die während einer ambulanten Holter-Aufnahme an einem plötzlichen ischämischen Herztod verstorben waren. Als Vergleichsgruppe dienten 20 Patienten, (11 mit stabiler, 9 mit instabiler Angina), mit transitorischen ischämischen Episoden vergleichbarer Ausprägung im Holter-Monitoring. Als HRV-Parameter wurden der SDNN und der pNN50 bestimmt.

Die Autoren konzentrierten ihre Untersuchung auf das 5-Minuten Intervall, das der letalen Ischämie in der »sudden death« Gruppe bzw. der stärksten Ischämie in der Vergleichsgruppe vorausging. Die pNN50 Werte für die gesamten 24 Stunden, die letzte Stunde bzw. die letzten 5 Minuten vor Ischämiebeginn betrugen bei den von letalen Rhythmusstörungen begleiteten Ischämien: 10,0, 7,4 und 6,2%. In der Vergleichsgruppe lauteten die entsprechenden Werte: 6,6, 7,2 und 5,4%.

Diese Werte verdeutlichen, daß ischämischen Episoden bei stabiler wie instabiler Angina Abschwünge der vagalen Aktivität unmittelbar vorausgehen. Zwischen ischämischen Episoden mit und ohne letale Rhythmusstörungen kann aufgrund dieser Daten nicht unterschieden werden.

Seit den Untersuchungen der Gruppe um *Singer* (*Martin et al.*, 1987; *Singer et al.*, 1988) ist bekannt, daß die HRV bei Patienten mit plötzlichem Herztod hochgradig reduziert ist. Eine Reihe epidemiologischer Arbeiten belegt den Zusammenhang von reduzierter HRV und erhöhtem Risiko letaler Arrhythmien (*Farrell et al.*, 1991; *Cripps et al.*, 1991; *Odemuyiwa et al.*, 1991; *Bigger et al.*, 1992b; *Hartikainen et al.*, 1996).

Eine fixe pathognomonische Konstellation der autonomen Balance, die derartigen letalen Arrhythmien unmittelbar vorausgeht, scheint nicht zu bestehen. So war in einer französischen Arbeit (*Brembilla-Perrot*, 1997) die HF Komponente bei den meisten Patienten in den letzten Stunden vor ihrem plötzlichen Herztod hochgradig erniedrigt. Dem letalen Ereignis ging mehrheitlich ein starker Anstieg des LF/HF-Quotienten durch Anstieg der LF Power unmittelbar voraus. In einer englischen Arbeit (*Fei et al.*, 1994) war die Dynamik der HRV unmittelbar vor Einsetzen spontaner idiopathischer ventrikulärer Tachykardien ebenfalls durch einen Anstieg des LF/HF-Quotienten charakterisiert, der in dieser Studie jedoch in der Mehrzahl ausschließlich auf einem weiteren Abfall der HF Power beruhte. Beiden Arbeiten ist zu entnehmen, daß die Auslösung lebensbedrohlicher Arrhythmien mit starken Reduktionen der vagalen Aktivität verbunden ist, daß die autonome Konstellation im Einzelfall jedoch unterschiedlich ausfallen kann. Dies verwundert nicht angesichts der komplexen pathophysiologischen Vorgänge, die derartigen Arrhythmien zugrundeliegen.

12. Die Gruppe um *Vardas* untersuchte den Effekt von transdermal appliziertem Scopolamin bei 15 Patienten mit schwerer KHK (*Kochiadakis et al.*, 1996). Es war zuvor gezeigt worden, daß die kurzfristige, 1–3-tägige transdermale Applikation von Scopolamin zu einem Anstieg der vagalen Aktivität bei Gesunden und bei Patienten nach Myokardinfarkt führt (*Vybiral et al.*, 1990; *Casadei et al.*, 1993; *Vybiral et al.*, 1993; *De Ferrari et al.*, 1993). Die Autoren gingen dabei der Frage nach, ob die Scopolamin-Applikation einen antiischämischen Effekt habe.

Untersucht wurden 15 Patienten mit 3-Gefäßerkrankung ohne vorausgegangenen Myokardinfarkt und mit erhaltener LV-Funktion. Alle Patienten hatten ein positives Belastungs-EKG und mindestens 2 stumme Ischämien im 24-Stunden Langzeit-EKG. Ein Scopolaminpflaster wurde allen Patienten hinter ein Ohrläppchen plaziert. Dieses System erlaubt die Freisetzung von Scopolamim in einer Rate von 0,05 mg/h über 3 Tage. Die HRV wurde durch Parameter im Zeitbereich bestimmt.

Bereits die 24-stündige Applikation von Scopolamin führte zu einer signifikanten Anhebung aller HRV-Parameter im Zeitbereich. Ein 24-Stunden Holter-EKG, das 24 Stunden nach Beginn der Scopolamin-Applikation abgeleitet wurde, zeigte im Vergleich zu einer 24-Stunden Holter-Aufnahme vor Therapie eine signifikante Reduktion der Anzahl ischämischer Episoden sowie der ischämischen Gesamtdauer pro Patient ($p < .05$). Der transdermalen Scopolamin-Applikation ist nach dieser Studie ein antiischämischer Effekt durch Steigerung der vagalen Aktivität bei schwerer KHK zuzusprechen.

3.3. HRV in der Akutphase der ischämischen Herzkrankheit

3.3.1. HRV bei instabiler Angina

1. Die erste Arbeit, der HRV Daten zur instabilen Angina zu entnehmen sind, stammt von *Casolo et al.* aus dem Jahr 1992. In dieser Untersuchung wurde das Verhalten der HRV bei 54 Infarktpatienten in der Frühphase des Infarkts (Holter Aufzeichnungen vom 2. bzw. 3. Tag), bei 15 Patienten mit instabiler Angina und bei 35 kardial gesunden Kontrollpersonen miteinander verglichen. Die Gruppe »instabile Angina« setzte sich aus Patienten mit »frequent myocardial ischemic episodes« ohne aktuelles Infarktereignis zusammen. Diese Definition ist sehr vage und erlaubt keine Unterscheidung zwischen stabiler und instabiler Angina. Zur HRV-Bestimmung wurde als einziger Index der breitbasige SDNN verwendet.

Der SDNN war in dieser Untersuchung bei Infarktpatienten in der Akutphase signifikant niedriger als in der Gruppe mit »instabiler Angina« sowie bei Kontrollpersonen (57,6 vs 92 vs 105 ms, p jeweils < .001). Die Patienten mit Infarkt und »instabiler Angina« lagen während der Holter-Aufnahme im Bett, während die Kontrollpersonen in dieser Zeit zu mäßiger körperlicher Aktivität aufgefordert waren. Bettlage steigert, Alltagsaktivität senkt die HRV. Diese unterschiedlichen Untersuchungsbedingungen haben die HRV-Daten sicherlich beeinflußt.

2. 1994 veröffentlichte die Arbeitsgruppe um *Malik* und *Camm* aus dem Londoner St. Georgs Hospital erstmals in einem Abstract Daten zur HRV bei instabiler Angina (*Huang et al.*, 1994). Aus 24-Stunden Holter Aufnahmen von 39 Patienten mit instabiler Angina, 26 Postinfarktpatienten und 28 Kontrollpersonen waren HRV-Parameter im Zeitbereich berechnet worden.

Zwei Ergebnisse sind dieser Studie zu entnehmen. 1. Der SDNN sowie alle Marker vagaler Aktivität im Zeitbereich (SD-Index, RMSSD, pNN50) waren bei Patienten mit instabiler Angina sowie Myokardinfarkt signifikant erniedrigt gegenüber Gesunden. 2. Zwischen den Gruppen mit instabiler Angina und akutem Myokardinfarkt bestanden keine signifikanten Differenzen. Daraus folgerten die Autoren, daß bei Patienten mit instabiler Angina eine abnorme autonome Aktivität vorliegt, die von vergleichbarer Größenordnung ist wie bei akutem Myokardinfarkt.

3. Die gleiche Arbeitsgruppe publizierte 1 Jahr später eine repräsentative Studie zur HRV bei instabiler Angina (*Huang et al.*, 1995). 52 Patienten mit instabiler Angina, 52 Patienten mit akutem Myokardinfarkt (im Mittel 7 Tage post Infarkt) und 41 Kontrollpersonen waren in diese Untersuchung eingeschlossen. Die Definition einer »instabilen Angina« orientierte sich streng an den *WHO*-Kriterien einer spontan auftretenden Ruheangina (*WHO*, 1979). Exazerbationen einer Belastungsangina wurden ausdrücklich ausgeschlossen. Ermittelt wurden alle klinisch relevanten HRV-Parameter im Spektral- und Zeitbereich. Die Ergebnisse sind in Tabelle 8 zusammengefaßt.

Tabelle 8: HRV-Parameter im Frequenz- und Zeitbereich bei Patienten mit instabiler Angina, bei Patienten nach akutem Myokardinfarkt und bei gesunden Kontrollpersonen (nach *Huang et al.*, 1995)

	Instabile Angina (n=52)		Myokardinfarkt (n=52)		Kontrollpersonen (n=41)
	Mittelwert	p-Wert	Mittelwert	p-Wert	Mittelwert
LF (ms²)	5.17±0.99	< .001	5.13±1.42	< .001	6.40±1.05
HF (ms²)	4.13±0.95	< .001	4.14±1.12	< .001	5.36±1.09
LF/HF	1.28±0.22	NS	1.25±0.24	NS	1.21±0.17
mNN (ms)	849±163	NS	836±151	NS	843±159
SDNN (ms)	90±26	< .001	86±29	< .001	130±37
SDANN (ms)	79±27	< .001	77±34	< .001	109±39
SD-Index (ms)	41±14	< .001	42±19	< .001	62±24
RMSSD (ms)	24±10	< .001	24±10	< .001	37±18
pNN50	5.13±5	< .001	5.9±6	< .001	15±14

Alle Einzelparameter der HRV waren bei Patienten mit instabiler Angina sowie bei Patienten nach akutem Myokardinfarkt im Vergleich zu Kontrollpersonen signifikant reduziert (p durchgehend < .001). Zwischen Patienten mit instabiler Angina und Myokardinfarkt in der beginnenden Erholungsphase (im Mittel 7. Tag) fanden sich keine statistischen Differenzen. Bei beiden Gruppen bestand eine hochgradige Reduktion vagaler Aktivität von auffallend gleicher Größenordnung. Für sympathische Aktivitätssteigerungen (LF/HF-Quotient) fand sich sowohl bei instabiler Angina als auch beim Myokardinfarkt gegenüber Gesunden kein Anhalt.

Bei Patienten mit instabiler Angina wurden sofort nach der Einlieferung 2 konsekutive 24-Stunden Holter-Aufnahmen angefertigt. Die Vergleichsdaten zwischen dem 1. und dem 2. Tag sind Tabelle 9 zu entnehmen.

Tabelle 9: HRV während der ersten und zweiten 24 Stunden bei Patienten mit instabiler Angina, die stabil waren während der zweiten 24 Stunden (Gruppe 1) und bei Patienten, die weiter Brustschmerzen und/oder Ischämiezeichen im EKG hatten (Gruppe 2), (nach *Huang et al.*, 1995).

	Gruppe 1 (n=34)			**Gruppe 2** (n=18)		
	Erste 24 Std.	Zweite 24 Std.	p-Wert	Erste 24 Std.	Zweite 24 Std.	p-Wert
LF (ms^2)	5.11±1.01	5.63±0.80	< .001	5.27±0.98	5.03±0.95	< .005
HF (ms^2)	4.06±0.91	4.60±0.88	< .001	4.27±1.03	4.01±1.01	< .003
LF/HF	1.29±0.23	1.25±0.16	NS	1.27±0.19	1.29±0.23	NS
SD-Index (ms)	39±14	48±16	< .001	44±12	40±11	NS
RMSSD (ms)	22±10	30±10	< .001	27±9	23±7	< .016
pNN50	4.34±5.14	8.54±6.67	< .001	6.62±5.22	5.66±4.12	NS

Bei den Patienten, die sich nach Klinikaufnahme stabilisierten (keine Brustschmerzen, keine Ischämiezeichen im EKG am 2. Tag) waren die Marker vagaler Aktivität (SD-Index, RMSSD, pNN50, LF, HF) am 2. Tag signifikant gesteigert (p jeweils < .001). Im Gegensatz dazu waren die gleichen Parameter bei den Patienten, die noch am 2. Tag trotz Therapie symptomatisch blieben, am 2. Tag erniedrigt (z.T. signifikant). Der klinische Verlauf war also eng mit der Bewegung der vagalen Aktivität verknüpft. Für sympathische Aktivitätssteigerungen bieten auch diese Daten keinen Anhalt.

Im weiteren Verlauf von 11 Monaten ereigneten sich 5 schwere kardiale Ereignisse (3 plötzliche Todesfälle, 1 letaler, 1 nicht-letaler Myokardinfarkt). Die HRV Werte dieser 5 Patienten waren zum Zeitpunkt der initialen Holter Aufzeichnung im untersten Bereich angesiedelt.

4. *Lanza et al.* (1997) untersuchten im Krankenhaus auftretende kardiale Ereignisse (Tod oder Myokardinfarkt) bei 75 Patienten mit instabiler Angina. In diese Studie wurden auch Patienten mit exazerbierter Belastungsangina aufgenommen. Berechnet wurden alle HRV Parameter im Zeit- und Spektralbereich.

In dieser Untersuchung war als einzige HRV-Variable lediglich der LF/HF-Quotient in der Gruppe mit kardialen Ereignissen (n = 7) gegenüber der Restgruppe (n = 68) signifikant gesteigert (2,12 vs 1,48, p < .01). Dieser höhere Wert des LF/HF-Quotienten beruhte auf einer Reduktion der HF Power in der Gruppe mit kardialen Komplikationen zum Zeitpunkt der Krankenhausaufnahme (12 vs 16). LF betrug in beiden Gruppen 22 Spektraleinheiten. Die Autoren interpretierten ihre Ergebnisse dahingehend, daß eine autonome Dysbalance mit Prävalenz sympathischer Aktivität das Risiko kardialer Komplikationen bei instabiler Angina steigert. Für eine ge steigerte sympathische Aktivität bieten diese Daten jedoch keinen zwingenden Anhalt (geringe Absolutwerte des LF/HF-Quotienten), schließen diese jedoch auch nicht aus. Die Reduktion der HF Power in der Gruppe mit kardialen Ereignissen weist auf die vagale Dynamik hin.

5. Bei instabiler Angina werden gehäuft Plaquerupturen beobachtet, die zu spastisch-thrombotischen Stenosen bzw. Verschlüssen disponieren. Zur Klärung der Frage, inwieweit ein Koronarverschluß und damit ganz generell inwieweit die Dynamik der Stenose das Verhalten der HRV beeinflußt, haben *Airaksinen et al.* (1993) eine Arbeit vorgelegt. Sie untersuchten die unmittelbaren Änderungen der HRV als Folge eines akuten Koronararterienverschlusses im Rahmen einer PTCA.

In ihrer Studie diente die 1. Ballonaufdehnung im Gefäß ausschließlich der Messung. Sie dauerte 120 Sekunden, wenn nicht unerträgliche Brustschmerzen bzw. hämodynamische Instabilität zum Abbruch zwangen. Ischämische ST-Veränderungen traten bei ca. 40% der Fälle auf (43% LAD, 42% LC, 37% RC). Kontrastmittelinjektionen wurden während der Meßperiode vermieden. Der Zeitpunkt der Balloninflation wurde vor den Patienten verborgen gehalten.

Zur Erfassung unspezifischer HRV-Änderungen als Folge der Untersuchungsprozedur diente eine Kontrollgruppe von 16 Patienten mit erfolgreicher Dilatation einer total verschlossenen Koronararterie. Als HRV-Parameter wurden die beiden Marker vagaler Aktivität RMSSD und HF berechnet.

Der akute Verschluß einer Koronararterie im Rahmen einer PTCA führte zu unterschiedlichen Reaktionen der HRV. In 25% der Fälle resultierte ein Anstieg der HRV, in 14% eine Reduktion der vagalen Parameter. In > 60% verursachte der akute Koronarverschluß keine unmittelbaren Änderungen im Verhalten der HRV. Dieses Verteilungsmuster betraf alle 3 Koronararterien, war also unabhängig von der Lokalisation des Verschlusses wie auch unabhängig von klinischen Charakteristika der Patienten.

Aufgrund dieser Daten kann die Dynamik der Stenose nicht die Ursache für die Reduktion vagaler Aktivität bei instabiler Angina sein. Dieser Modellversuch eines akuten Koronarverschlusses belegt, daß die hochgradige vagale Depression bei instabiler Angina unabhängig vom Gefäßprozeß besteht.

6. *Loricchio et al.* (1994) legten Daten zum Verhalten von HRV und Plaqueruptur bei instabiler Angina vor. 92 Patienten mit Ruheangina und transitorischen ischämischen ST-Streckenveränderungen wurden untersucht. Zum Zeitpunkt der Krankenhausaufnahme wurde ein 24-Stunden-EKG angefertigt, aus der HRV-Parameter im Zeitbereich ermittelt wurden.

Eine Koronarangiographie wurde bei 88 Patienten innerhalb 1 Woche durchgeführt. Die morphologische Analyse konzentrierte sich dabei neben dem Stenosegrad auf Anzeichen für das Vorliegen einer Plaqueruptur (exzentrische Stenosen mit überhängenden Rändern und/oder unregelmäßigen Begrenzungen).

Im Verlauf eines Monats kam es bei 26 Patienten (Gruppe 1) zum Auftreten eines schweren kardialen Ereignisses (6 Todesfälle, 7 nicht-letale Myokardinfarkte, 13 dringliche Bypass Operationen). Die übrigen 66 Patienten hatten einen günstigen klinischen Verlauf.

Den größten prognostischen Wert besaß der SD-Index als Marker der vagalen Aktivität, der in Gruppe 1 signifikant ($p < .001$) niedriger war als in Gruppe 2 (57 vs 97 ms). Das relative Risiko eines kardialen Ereignisses war 15 Mal größer bei Patienten mit einem SD-Index ≤ 70 ms.

Alle Patienten zeigten eine signifikante KHK (Stenosen ≥ 50%). Anzeichen für Plaquerupturen fanden sich bei 21 von 22 Patienten der Gruppe 1 und bei 31 von 66 Patienten der Gruppe 2. 29 von diesen 31 Patienten mit Anzeichen für Plaqueruptur und dennoch günstigem klinischen Verlauf hatten einen erhöhten SD-Index von ≥ 70 ms. Umgekehrt hatten 20 von den 21 Patienten der Gruppe 1 mit Zeichen für Plaqueruptur und klinischen Komplikationen einen SD-Index von ≤ 70 ms.

Wie schon in der Londoner Arbeit von *Huang et al.* (1995) zeigen auch diese Resultate eine enge Abhängigkeit des klinischen Verlaufs bei instabiler Angina vom Ausmaß der vagalen Depression. Das Auftreten von Plaquerupturen ist in dieser Studie kein Prädiktor des weiteren klinischen Verlaufs. Plaquerupturen bei nicht gleichzeitig hochgradig reduzierter vagaler Aktivität mündeten in einen günstigen Verlauf. Nur Plaquerupturen in Verbindung mit hochgradig reduzierter vagaler Aktivität führten zu kardialen Komplikationen.

Nach dieser Untersuchung ist das klinische Schicksal bei instabiler Angina primär mit dem Grad der vagalen Depression verknüpft. Die Entwicklung schwerer kardialer Ereignisse ist außerdem regelhaft an das Auftreten von Plaquerupturen gebunden.

3.3.2. HRV bei akutem Myokardinfarkt

1. Die 1. Arbeit, die sich mit dem Verhalten der HRV in den frühen Stunden eines akuten Myokardinfarkts befaßte, stammt aus der Edinburgher Gruppe um *Ewing* (*McAreavey et al.*, 1989). Einleitend beschreiben die Autoren den klinischen Wissensstand, daß in der Frühphase eines akuten Myokardinfarkts häufig autonome Störungen anzutreffen sind. Diese variieren von Patient zu Patient mit entweder sympathisch oder parasympathisch prädominanten Effekten oder auch Aktivierungen beider Äste des autonomen Nervensystems speziell in den ersten Stunden. Ganz allgemein entwickeln Patienten mit Hinterwandinfarkt (inferior infarction) häufiger eine Bradykardie und arterielle Hypotonie, während beim Vorderwandinfarkt (anterior infarction) eher eine gesteigerte Herzfrequenz anzutreffen ist.

In der Edinburgher Studie wurden 21 Patienten (10 VW-Infarkte, 11 HW-Infarkte) untersucht. Die Zeit vom Symptombeginn bis zur Krankenhausaufnahme betrug im Schnitt 4-5 Stunden. Es wurde eine Holter-Aufnahme angefertigt vom Zeitpunkt der Aufnahme bis zum Ablauf von 24 Stunden nach Symptombeginn, im allgemeinen über 20 Stunden. Berechnet wurde der sNN50, also die Anzahl der »RR counts« ≥ 50 ms, ein selektives Maß der vagalen Aktivität.

Die mittleren Stundenwerte der RR counts betrugen in dieser 20-Stunden Periode beim VW-Infarkt 12 counts, beim HW-Infarkt 69 counts. Vergleichswerte gesunder Personen liegen bei ca. 250 counts/Stunde.

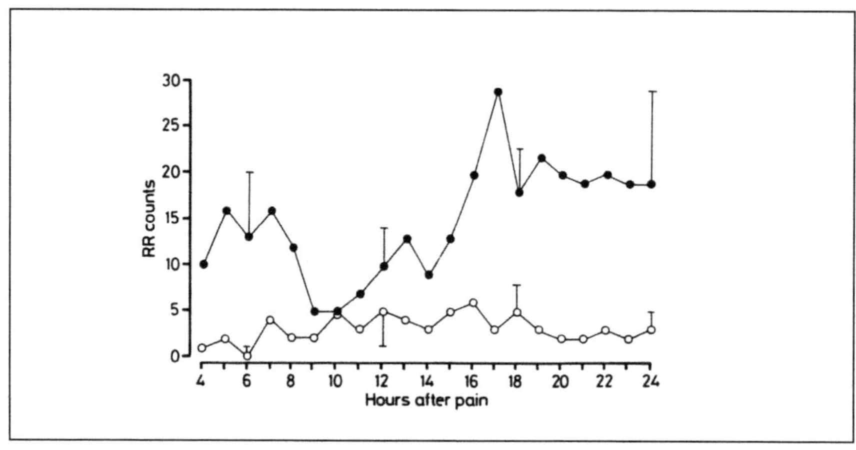

Abbildung 7: Verhalten der HRV zwischen der 4. und 24. Stunde nach akutem Myokardinfarkt (nach *McAreavey et al.*, 1989. Gefüllte Kreise, HW-Infarkt; offene Kreise, VW-Infarkt).

Nach dieser Untersuchung ist also die vagale Aktivität in der Frühphase des Myokardinfarkts hochgradig reduziert. Diese Reduktion ist beim VW Infarkt ausgeprägter als beim HW Infarkt.

Abbildung 7 ist dieser Studie entnommen. In dieser Abbildung ist das Verhalten der RR counts von der 4. bis zur 24. Stunde nach akutem VW- bzw. HW-Infarkt dargestellt.

Beim VW-Infarkt ist diesem Diagramm eine relativ konstante hochgradige Reduktion vagaler Aktivität zu entnehmen. Beim HW-Infarkt weist die insgesamt höhere vagale Aktivität erhebliche abrupte Variationen auf. Es wird beschrieben, daß diese Variationen durch die Gabe von Atropin für ca. 1 1/2 Stunden vollkommen verschwanden, also vagal bedingt waren.

2. Die 1. Arbeit, in der spektralanalytische Daten der HRV für diese Frühphase eines Myokardinfarkts vorgelegt wurden, stammt von *Luria et al.* (1993). Untersucht wurden 81 Patienten mit akutem Myokardinfarkt, denen sofort nach Diagnosestellung eine Streptokinase-Infusion für 40 - 60 Minuten angelegt wurde. Mit einem 24-Stunden-EKG wurde vor der Streptokinase-Applikation begonnen. An Spektralkomponenten wurden VLF, LF (etwas atypisch von 0,05 - 0,20 Hz) und HF bestimmt.

Bevor auf die Resultate dieser Studie eingegangen wird, soll der Einfluß einer thrombolytischen Therapie auf das Verhalten der HRV kurz angesprochen werden. Die präziseste Untersuchung zu dieser Frage stammt von *Chakko et al.* (1996), in der das Verhalten der Spektralkomponenten der HRV im Stundentakt nach erfolgreicher Lyse bei 36 Patienten mit akutem Myokardinfarkt bestimmt wurde. Eine erfolgreiche Lyse führte regelmäßig zu einem unmittelbaren kurzfristigen Abfall der HF Power für die Dauer von 1 - 2 Stunden. Die HRV-Parameter waren zu Beginn der Krankenhausaufnahme am höchsten und zeigten einen kontinuierlichen Abfall über die ersten 24 Stunden. Der kurzfristige Effekt der Thrombolyse war ohne Einfluß auf diesen Gesamtverlauf. Aus diesem Grund haben wir die Auswirkungen der Lyse auf die HRV generell vernachlässigt.

In der Studie von *Luria et al.* (1993) fand sich beim VW-Infarkt während der ersten 24 Stunden ein kontinuierlicher Abfall einer insgesamt stark reduzierten HF Power bei relativer Konstanz einer ebenfalls hochgradig reduzierten LF Power. Daraus ist bezüglich der autonomen Balance im wesentlichen auf eine hochgradige vagale Depression zu schließen.

Die Spektralwerte beim HW-Infarkt waren deutlich größer als beim VW-Infarkt. LF Power und HF Power zeigten variable, z.T. gegensinnige Bewegungen. Insgesamt fand sich beim HW-Infarkt nach dieser Untersuchung während der ersten 24 Stunden ein unruhiges, von vagalen wie sympathischen Aktivierungen geprägtes Reflexmuster.

3. *Pipilis et al.* (1991) untersuchten 70 Patienten in der Frühphase eines akuten Myokardinfarkts (34 VW-, 36 HW-Infarkte). Die Holter-Aufnahmen begannen im Mittel 12,8 Stunden nach Symptombeginn. Dabei wurden zwei 4-Stunden-Perioden aufgezeichnet, einmal während des Tages vormittags von 8 - 12 und einmal nachts von 1 - 5 Uhr. Berechnet wurden der SDNN und ein eigener Index, die SD aller sukzessiven NN- bzw. RR-Intervalle (SDDRR). Dieser Parameter hat einen direkten Bezug zur RSA und ist deshalb als Marker vagaler Aktivität anzusehen.

Beim VW-Infarkt fanden sich wiederum signifikant niedrigere Werte der HRV als beim HW-Infarkt. Der SDDRR betrug tagsüber 28 ms und nachts 27 ms. Das heißt, daß beim akuten Myokardinfarkt die vagale Erholung während der Nachtzeit völlig ausbleibt. Da die Tag-Nacht bzw. Schlaf-Wach-Rhythmik zentral hypothalamisch gesteuert ist, belegt diese Untersuchung, daß neben allen reflektorischen Änderungen während der ersten Stunden beim akuten Myokardinfarkt eine zentrale Blockade des parasympathischen Aktivitätspols vorliegt.

4. Eine viel zitierte Arbeit stammt von *Casolo et al.* (1992), die bereits im Kapitel zur instabilen Angina angesprochen wurde. Bei 54 Patienten mit akutem Myokardinfarkt wurde am 2. bzw. 3. Tag eine 24-Stunden Holter-Aufnahme angefertigt. Als HRV-Parameter wurde lediglich der SDNN bestimmt.

Diese Untersuchung produzierte eine Flut von signifikanten Ergebnissen. Die Reduktion der HRV war signifikant mit dem maximalen CK Wert, linksventrikulärer Dysfunktion sowie der Killip Klasse korreliert. HRV war signifikant größer bei »non-Q-wave«- als bei »Q-wave«-Infarkten (p durchgehend $< .001$). All diese Resultate konnten bis heute nicht reproduziert werden. Die in den bisherigen Studien deutlich gewordenen Differenzen zwischen VW- und HW-Infarkt fanden in dieser Arbeit hingegen keine Bestätigung.

5. Im Rahmen der *GUSTO-I-Studie* untersuchten *Singh et al.* (1996) 178 Patienten mit akutem Myokardinfarkt. Bei allen Patienten wurde ein Langzeit-EKG über 48 Stunden mit Beginn innerhalb der 1. Stunde der Thrombolyse angefertigt. Bestimmt wurden HRV-Parameter im Zeit- und Spektralbereich.

pNN50, HF und LF nahmen signifikant vom 1. zum 2. Tag ab. Der LF/HF-Quotient blieb unverändert. HR nahm unwesentlich zu (von 72 auf 75 bpm). Das heißt, daß die Reduktion vagaler Aktivität vom 1. zum 2. Tag nach Infarktbeginn weiter zunimmt. Sympathische Aktivitätssteigerungen sind nicht zu verzeichnen. Auch in dieser Arbeit fanden sich die bekannten signifikanten Unterschiede im Verhalten der HRV beim VW- und HW-Infarkt.

6. Die Studie von *Valkama et al.* (1994) diente dem Vergleich von HRV-Daten zwischen der Frühphase (0-12 Stunden nach Symptombeginn) und der Erholungsphase (1 Woche danach) eines akuten Myokardinfarkts. Untersucht wurden 22 Patienten mit VW-Infarkt und 21 Patienten mit HW-Infarkt. Als HRV-Parameter wurden Spektralkomponenten bestimmt. Die HF- und LF-Daten dieser Untersuchung sind in Tabelle 10 zusammengefaßt.

Tabelle 10: Vergleich der Spektralkomponenten der HRV zwischen der frühen und der Erholungsphase eines Myokardinfarkts, (nach *Valkama et al.*, 1994).

	HF ($\ln ms^2$) Mean(SD)	LF ($\ln ms^2$) Mean(SD)
Gesamt (n=31)		
Frühe Phase	5.6(0.8)*	5.7(1.1)
Erholungsphase	4.9(0.8)	5.2(1.2)
VW Infarkt (n=17)		
Frühe Phase	5.3(0.8)†	5.2(1.1)
Erholungsphase	4.8(0.8)	5.0(1.3)
HW Infarkt (n=14)		
Frühe Phase	6.1(0.6)*	6.3(0.8)
Erholungsphase	5.1(0.9)	5.5(1.0)

*$p < .001$; †$p < .05$ zwischen der frühen und der Erholungsphase

HF Power nahm bei allen Patienten innerhalb der 1. Woche nach einem akuten Myokardinfarkt, sowohl beim VW- wie beim HW-Infarkt, signifikant ab. LF Power zeigte gleichsinnige Bewegungen. Die deutlich höheren Werte für HF und LF in der Frühphase beim HW-Infarkt zeigten nach 1 Woche Annäherungen an das Niveau beim VW-Infarkt. Daraus ist zu schließen, daß die durch das Akutgeschehen ausgelösten reflektorischen Aktivierungen nach 1 Woche deutlich abgemildert sind.

In der oben zitierten Arbeit von *Huang et al.* (1995) zur instabilen Angina wurde ebenfalls ein Kollektiv von Infarktpatienten am 7. Postinfarkttag untersucht (s. Tabelle 8). In dieser Untersuchung fand sich eine vergleichbar hohe Reduktion aller HRV-Parameter sowohl bei instabiler Angina als auch 1 Woche nach Infarkt. Die vagale Aktivität war 1 Woche nach akutem Infarkt genauso stark reduziert wie in der Präinfarktphase.

Wenn man die Ergebnisse beider Studien, von *Valkama et al.* (1994) und von *Huang et al.* (1995), zusammenführt, könnte man annehmen, daß nach Abklingen der reflektorischen Unruhe im Gefolge eines akuten Myokardinfarkts nach 1 Woche die hohe Reduktion vagaler Aktivität, die bereits vor dem Infarkt bestand, nun wieder unmaskiert hervortritt. Für sympathische Aktivitätssteigerungen 1 Woche post Infarkt liefert auch die Untersuchung von *Valkama et al.* (1994) keinen Anhalt.

7. Eine weitere häufig zitierte Arbeit stammt von *Lombardi et al.* (1996). Auch in dieser Studie wurden HRV Daten aus der Frühphase (3 Stunden nach Symptombeginn) eines Myokardinfarkts sowie der beginnenden Erholungsphase (1 Woche danach) vorgelegt. Es handelte sich um 33 Patienten (13 VW- und 20 HW-Infarkte). Berechnet wurden ausschließlich Spektralkomponenten, wobei in dieser Untersuchung die sogenannten »normalized units« verwendet wurden.

In »normalized units« war das Spektralprofil bei Patienten mit VW Infarkt in der Frühphase durch eine hohe Prädominanz der LF Komponente (73 ± 4 nu) und eine geringe HF Komponente (13 ± 2 nu) charakterisiert. Daraus resultierte für die Autoren eine sympatho-vagale Balance, die durch sympathische Exzitation gekennzeichnet ist.

Ob VW- oder HW-Infarkt, ob Früh- oder Erholungsphase, stets fanden sich nach dieser Berechnungsmethode ähnliche Relationen zugunsten von LF nu. Wie im Methodikteil ausführlich dargestellt, führt die Anwendung der sogenannten »normalized units« zu verzerrten und verfälschten Ergebnissen. Eine Vergleichbarkeit mit den anderen in diesem Kapitel zitierten Studien ist nicht gegeben. Im übrigen hat man bei den dargestellten Graphiken gelegentlich den Eindruck, als ob Anstiege der VLF Power im Frequenzbereich von < 0.04Hz der LF Power zugerechnet wurden.

8. *Bigger et al.* (1992b) untersuchten alle Spektralparameter bei 715 Patienten 2 Wochen nach einem akuten Infarkt. Die einzelnen Komponenten verteilten sich folgendermaßen: ULF Power: 82 ± 8%; VLF Power: 12 ± 6%; LF Power: 4 ± 3%; HF Power: 2 ± 2%. Normalerweise beträgt der Anteil von LF und HF Power zusammen etwa 20% vom Gesamtspektrum.

Diese Zahlen machen deutlich, daß die Frequenzpower nach Myokardinfarkt fast vollständig aus dem höherfrequenten Bereich (LF und HF) verschwunden ist. In diesen Daten kommt die fast totale Blockade vagaler Aktivität als basaler Defekt der autonomen Balance bei diesen Patienten zum Ausdruck.

9. Mehrere Studien bemühten sich, den Verlauf der HRV über eine längere Zeitspanne nach dem Infarkt zu verfolgen. *Pitzalis et al.* (1998) bestimmten den SDNN und den RMSSD am 1., 2., 10. und 28. Tag nach Krankenhausaufnahme. *Flapan et al.* (1993) ermittelten den sNN50 innerhalb der ersten 36 Stunden und anschließend am 7., 42. und 140. Tag nach Infarkt. *Bigger et al.* (1991) bestimmten Spektralkomponenten 25 Tage sowie 3, 6 und 12 Monate nach einem Infarkt.

Zusammenfassend kann diesen Untersuchungen entnommen werden, daß die HRV während der ersten Postinfarkttage abnimmt, daß eine Erholung der vagalen Parameter innerhalb der ersten 2 Wochen beginnt und daß diese im Mittel nach etwa 3 Monaten das chronisch reduzierte Niveau stabiler KHK Patienten wieder erreicht haben.

10. Abschließend soll noch einmal auf die zirkadiane Rhythmik der HRV beim akuten Myokardinfarkt eingegangen werden. Beim Gesunden zeigen HF unf LF Power wellenförmige Variationen mit einem HF-Gipfel zur Nacht und einem LF-Gipfel tagsüber. Bei chronischer KHK ist dieses Muster fast aufgehoben. Es findet sich eine weitgehende Regulationsstarre beider Spektralkomponenten (s. Abbildung 3).

In der oben zitierten Arbeit von *Pipilis et al.* (1991) ist erstmals gezeigt worden, daß der nächtliche Anstieg vagaler Aktivität in der Frühphase eines Infarkts vollkommen ausbleibt. In der Studie von *Flapan et al.* (1993) lag die Anzahl der stündlichen »RR counts« innerhalb der ersten 36 Stunden im Wachzustand bei 25, während des Schlafs bei 17/Stunde. Nach 7 Tagen betrugen diese Werte 24 und 24, nach 42 Tagen 31 und 46 und nach 140 Tagen 58 und 101 counts/Stunde.

Diese Zahlen zeigen, daß die zirkadiane Rhythmik vagaler Aktivität in der Frühphase eines Myokardinfarkts nicht nur aufgehoben, sondern in eine paradoxe Bewegung verkehrt ist. Die Reduktion vagaler Aktivität bei chronischer KHK beruht im wesentlichen auf ausbleibender nächtlicher Erholung. Diese ist Folge einer Abschwächung der zentralen parasympathischen Regulationsimpulse im Hypothalamus. Dieser zentrale Defekt ist offenbar im Rahmen eines akuten Myokardinfarkts derart ausgeprägt, daß die nächtliche vagale Aktivität stärker reduziert ist als zur Tageszeit.

11. *Vanoli et al.* (1995) haben HRV Messungen bei Patienten 10–15 Tage nach akutem Myokardinfarkt sowie bei gesunden Kontrollpersonen im Schlaflabor durchgeführt. Jeweils 5-minütige EKG Aufzeichnungen wurden während des Wachzustands, im stabilen non-REM Schlaf und während des REM Schlafes abgeleitet. Als HRV Parameter wurden die Spektralkomponenten LF und HF bestimmt.

Beim Gesunden war der Übergang vom Wachzustand zum non-REM Schlaf mit einem Abfall der LF Power (von 53 ± 9% auf 41 ± 5%) sowie mit einem Anstieg der HF Power (von 19 ± 4% auf 40 ± 6%) verbunden. Während des REM Schlafes stieg LF etwas an (auf 47 ± 9%), während HF bei allen gesunden Personen auf Werte im Wachzustand (17 ±2%) abfiel.

Der auffallendste Unterschied zwischen Gesunden und den Patienten nach Myokardinfarkt bestand darin, daß die zirkadiane Wellenbewegung in der HF Power bei den Infarktpatienten vollkommen abwesend war. Bei diesen Patienten sank die HF Power beim Übergang vom Wachzustand zum non-REM-Schlaf wiederum in einer paradoxen Bewegung von 22 ± 4,5% auf 16 ± 4,5%. Während des REM-Schlafes sank die HF Power weiter auf 8 ± 1,6%. Der LF/HF-Quotient war bei Infarktpatienten im Wachzustand niedriger als bei Gesunden bei vergleichbarer Größe der HF Power. Das bedeutet, daß der sympathische Tonus im Wachzustand bei diesen Patienten erniedrigt war im Vergleich zu Kontrollpersonen. Der LF/HF-Quotient zeigte während des Schlafs bei Infarktpatienten überproportionale Anstiege aufgrund der nächtlichen HF-Absenkung. Spitzenwerte dieses Quotienten während des REM-Schlafes sprechen für deutliche sympathische Aktivitätszuflüsse während der Traumphasen.

3.3.3. HRV und Risikostratifizierung nach akutem Myokardinfarkt

Wolf et al. (1978) zeigten erstmals in einer prospektiven Studie bei Patienten mit akutem Myokardinfarkt, daß eine reduzierte HRV zum Zeitpunkt der Aufnahme auf die Intensivstation mit gesteigerter Krankenhausletalität einhergeht.

Kleiger et al. (1987) gingen der Frage nach, inwieweit die HRV bei Patienten nach akutem Myokardinfarkt von prädiktivem Wert für die Langzeit-Mortalität ist. Dafür analysierten sie 24-Stunden Holter-Aufnahmen von 808 Patienten, die einen akuten Infarkt überlebt hatten und die Intensivstation verlassen hatten. Die Holter-Tapes wurden 11 ± 3Tage nach dem Akutereignis aufgenommen. Als HRV-Index wurde der SDNN verwendet. Das Follow up betrug im Mittel 31 Monate.

Patienten, deren SDNN < 50 ms war, hatten ein etwa 4-fach gesteigertes Risiko, während Studienverlaufs zu sterben (34%), verglichen mit denen, deren SDNN > 100 ms betrug (9%). In univariater Analyse war die Beziehung von erniedrigten SDNN-Werten (< 50 ms) zur Mortalität größer als für alle anderen Holter-Variablen. In multivariater Analyse zeigte sich, daß der SDNN als Maß der HRV unabhängig von der mittleren Herzfrequenz und unabhängig von Zahl und Schweregrad ventrikulärer Arrhythmien mit dem Sterberisiko korreliert war. Weiterhin bestand keine Abhängigkeit zwischen dem Verhalten der HRV und der linksventrikulären Pumpfunktion. Die Assoziation von reduzierter HRV und gesteigertem Letalitätsrisiko galt für jedes Niveau der Ejektionsfraktion.

Der SDNN ist ein breitbasiger Index der HRV. Zur näheren Präzisierung der autonomen Tonuslage bei den Hochrisiko-Patienten dieser Studie hat die gleiche Arbeitsgruppe in einer Folgepublikation die SDNN-Werte mit den Markern vagaler Aktivität, RMSSD und pNN50, bei einer repräsentativen Auswahl ihres Studienkollektivs verglichen. Diese selektiv vagalen Parameter korrelierten bei diesen Patienten signifikant mit dem SDNN. Die autonome Tonuslage bei den

Hochrisiko-Patienten war durch eine substantielle Reduktion vagaler Aktivität gekennzeichnet (*Bigger et al.*, 1988).

Seit Mitte der siebziger Jahre ist bekannt, daß vagale Aktivität gegen ventrikuläre Tachyarrhythmien schützt und die ventrikuläre Flimmerschwelle anhebt (*Kolman et al.*, 1975; *Rabinowitz et al.*, 1976, *Lown & Verrier*, 1976). Eine autonome Dysbalance, die durch Reduktion vagaler Aktivität gekennzeichnet ist, disponiert demnach zu ventrikulären Arrhythmien und zum plötzlichen Herztod.

Das gesteigerte Mortalitätsrisiko nach akutem Infarkt, das mit Reduktion der HRV verbunden ist, wurde dementsprechend ganz vorrangig der arrhythmogenen Wirkung einer vagalen Depression zugerechnet. In mehreren Studien wurde dieser Zusammenhang bestätigt und präzisiert (*Farrell et al.*, 1991; *Cripps et al.*, 1991; *Odemuyiwa et al.*, 1991, *Bigger et al.*, 1992b). Reduzierte vagale Aktivität besitzt eine strenge Assoziation mit ventrikulären Rhythmusstörungen und dem plötzlichen Herztod (Task Force, 1996).

Ein beträchtlicher Anteil der kardialen Todesfälle im Langzeitverlauf nach einem Myokardinfarkt kann allerdings durch Rhythmusstörungen nicht erklärt werden. In der CAPS-Studie (Cardiac Arrhythmia Pilot Study) wurden 55% der Postinfarkt-Todesfälle als arrhythmogen und 45% als non-arrhythmogen klassifiziert (*Greene et al.*, 1989).

In der Untersuchung von *Hartikainen et al.* (1996) wurden die HRV, das signalgemittelte EKG, ventrikuläre Arrhythmien und die linksventrikuläre Ejektions-Fraktion (LVEF) bei 575 Überlebenden eines akuten Infarkts bestimmt. Die Holter-Aufnahmen wurden vor Krankenhausentlassung angefertigt. Der Studienverlauf betrug 2 Jahre. Die klinischen Endpunkte waren arrhythmischer und non-arrhythmischer Herztod. Während dieser Zeit ereigneten sich 47 kardiale Todesfälle, 29 (62%) arrhythmisch und 18 (38%) non-arrhythmisch.

Alle Risikofaktoren waren in der univariaten Analyse mit der kardialen Mortalität assoziiert. In multivariater Analyse waren »depressed HRV« ($p < .001$), niedrige LV-Ejektionsfraktion ($p < .05$), ventrikuläre ES ($p < .05$) und das Alter ($p < .05$) Determinanten der gesamten kardialen Mortalität. Die einzigen Risikofaktoren des arrhythmischen Todes waren reduzierte HRV ($p < .001$) und ventrikuläre Tachykardien ($p < .05$). Mit dem non-arrhythmischen Herztod korrelierten »depressed HRV« ($p < .001$), VES ($p < .001$) und LVEF ($p < .01$).

Nach dieser Untersuchung ist eine reduzierte Herzfrequenz-Variabilität der mit Abstand stärkste Prädiktor kardialer Mortalität nach akutem Myokardinfarkt. Reduzierte HRV war nicht nur mit plötzlichem Herztod hochsignifikant assoziiert, sondern auch mit den nicht-arrhythmogenen kardialen Todesursachen, also in erster Linie mit dem Auftreten von Reinfarkten.

In den bisher zitierten Untersuchungen zur Postinfarkt Risikostratifizierung wurde vorzugsweise mit dem SDNN oder dem TI-Index gearbeitet, 2 breitbasigen Parametern der HRV. In einer Untersuchung zur prognostischen Signifikanz der HRV an 567 Postinfarkt-Patienten in der fibrinolytischen Ära (*Zuanetti et al.*, 1996), wurden der SD-Index, pNN50 und RMSSD, also 3 Marker vagaler Aktivität, verwendet. Auch in dieser Studie war die Reduktion der HRV mit gesteigerter kardiovaskulärer Sterblichkeit assoziiert. Dieser prognostische Wert der HRV ergab sich für alle 3 Parameter und erwies sich als unabhängig von Alter, Geschlecht, vorausgegangenem Myokardinfarkt, linksventrikulärer Dysfunktion, Diabetes, Hypertonie, dem Vorkommen ventrikulärer Arrhythmien, dem Gebrauch verschiedener Medikamente und auch unabhängig von der fibrinolytischen Behandlung.

Zusammenfassend weist der gegenwärtige Forschungsstand aus, daß die Bestimmung der HRV nach akutem Myokardinfarkt (nach Verlassen der Intensivstation und vor Krankenhausentlassung) der stärkste Prädiktor kardialer Mortalität in den Folgejahren ist. Das Ausmaß der vagalen Depression in dieser Phase ist demnach von schicksalsentscheidender Bedeutung.

Abschließend muß angemerkt werden, daß das Konzept der Risikostratifizierung nach akutem Myokardinfarkt mit der Methodik der HRV allein bzw. in Kombination mit anderen klinischen Variablen in den letzten Jahren weiter präzisiert worden ist. Eine ausführliche Referierung der gesamten vorliegenden Literatur zu dieser Frage übersteigt den Rahmen dieser Arbeit.

3.4. Zusammenfassung von Kapitel 3: HRV bei ischämischer Herzkrankheit

1. Bei chronisch ischämischer Herzkrankheit besteht eine deutliche, statistisch signifikante Einschränkung der Vagusaktivität. 13 der 14 Studien, die sich mit dieser Thematik befassen, kamen zu diesem Ergebnis. Die Publikation, die diesem Resultat widersprach, ist von den gleichen Autoren in einer Folgestudie stillschweigend korrigiert worden. Das Ausmaß der Vagusschwäche wird unterschiedlich angegeben. Im Schnitt ist die Vagusaktivität bei chronisch ischämischer Herzkrankheit um etwa 1/3 abgesenkt. Während akuter Phasen, in denen sich die Herzanfälle häufen, finden sich weitere drastische Reduktionen der Vagusaktivität.

2. Im Gegensatz zur herrschenden Auffassung gesteigerter sympathischer Aktivität bei chronischer KHK ergaben die HRV-Analysen, daß der Sympathikustonus bei chronisch ischämischer Herzkrankheit nicht erhöht, sondern erniedrigt ist. Speziell die Studien von *Huikuri et al.* (1994) und von *Bigger et al.* (1995) weisen aus, daß bei chronischer KHK neben einer signifikanten Reduktion des Vagustonus eine substantielle Beeinträchtigung des Sympathikustonus vorliegt.

3. Nach der vorliegenden Literatur besteht die Vagusschwäche bei chronischer KHK unabhängig vom Ausmaß des koronarsklerotischen Prozesses. Sie ist auch unabhängig vom Ausmaß der etablierten Risikofaktoren, speziell unabhängig von Hypertonie (Bluthochdruck) und Diabetes mellitus (Zuckerkrankheit), die jeweils ihrerseits mit Reduktionen der HRV einhergehen. Die Vagusschwäche besteht weiterhin unabhängig vom Funktionszustand der linken Herzkammer, auch unabhängig davon, ob ein Herzinfarkt länger als drei Monate zurückliegt oder nicht.

Das Ausmaß der Vagusschwäche zu einer Zeit, in der noch keinerlei Anzeichen für eine Koronarsklerose vorliegen, ist ein unabhängiger Prädiktor für das kardiale Risiko in den Folgejahren. Je stärker die Depression der Vagusaktivität vor jeglicher Manifestation einer koronaren Herzkrankheit, desto größer das Risiko, in den Folgejahren einen Herzinfarkt oder Herztod zu erleiden. Das mit der Vagusschwäche verbundene Infarktrisiko kann also nicht Folge des koronarsklerotischen Prozesses sein. Im Gegenteil, die Depression der Vagusaktivität ihrerseits besitzt einen unabhängigen prägendem Einfluß auf Auftreten und Verlauf der ischämischen Herzkrankheit.

4. Die zirkadiane Tag-Nacht Rhythmik der HRV ist bei chronisch ischämischer Herzkrankheit fast aufgehoben. Die parasympathische Erholung zur Nachtzeit wie auch der sympathische Aktivitätsanstieg während des Tages sind bei ischämischer Herzkrankheit drastisch reduziert. Die sympathische und die parasympathische Aktivität unterliegen bei chronisch ischämischer Herzkrankheit einer annähernden Regulationsstarre. Die zirkadiane (»rund um die Uhr«) Rhythmik physiologischer Abläufe wird zentral im Hypothalamus gesteuert. Die weitgehende Aufhebung dieser Rhythmik macht deutlich, daß die substantielle Reduktion vagaler Herztätigkeit bei chronisch ischämischer Herzkrankheit auf einer Abschwächung des zentralen parasympathischen Aktivitätspols im Hypothalamus beruht. Diese Schwäche des zentralen parasympathischen Pols geht mit einer Schwäche des sympathischen Pols parallel.

HRV und Ischämie

1. Die vorliegende Literatur weist aus, daß der Ischämieauslösung im Herzmuskel in etwa 80% der Fälle ein tiefer Abschwung der vagalen Aktivität unmittelbar vorausgeht. Eine chronische Reduktion vagaler Aktivität ist ein Charakteristikum der chronisch ischämischen Herzkrankheit. Ein weiterer akuter Abschwung auf minimale Aktivitätswerte geht der Ischämieauslösung in der Mehrzahl der Fälle wenige Minuten voraus. Während der Ischämien bleibt die vagale Aktivität fast aufgehoben. Dem Ischämieende geht ein Wiederanstieg der vagalen Aktivität wiederum direkt voraus.

Dieser muldenförmige Verlauf vagaler Aktivität im Zusammenhang mit der Auslösung und dem Verlauf myokardialer Ischämien unterscheidet sich strukturell nicht vom sonstigen wellenförmigen Bewegungsmuster des Vagustonus. Diese muldenförmige Struktur ist kein Spezifikum, das nur im Zusammenhang mit Ischämien auftritt und somit als Folge des ischämischen Prozesses zu deuten wäre. Die einzige Besonderheit liegt in der Tiefe des Abschwungs, der der Ischämieauslösung unmittelbar vorausgeht, in der fast vollständigen Auslöschung der Vagusaktivität.

Der finale Abfall vagaler Aktivität in den letzten 2 Minuten vor Ischämieauslösung ist häufig in längerfristige Abschwungbewegungen während der letzten 10 - 60 Minuten eingebettet. Aufgrund dieser zeitlichen sowie der genannten strukturellen Zusammenhänge ist ausgeschlossen, daß es sich bei dem der Ischämie vorausgehenden Abfall vagaler Aktivität um eine Reaktion auf eine sich ausbildende Ischämie handelt. Im Gegenteil, diese Zusammenhänge belegen den ursächlichen Einfluß der vagalen Reduktion auf die Auslösung myokardialer Ischämien.

2. Sympathische Aktivierungen vor und während ischämischer Prozesse sind nach der vorliegenden Literatur in der Mehrzahl der Fälle nicht anzutreffen. Passagere sympathische Aktivitätszuflüsse begleiten die vagale Abschwungbewegung vor Ischämieauslösung vorzugsweise nachts. Sympathische Aktivierungen während der Ischämien verstärken gelegentlich deutlich den ischämischen Prozeß.

3. Das Verhalten der Herzfrequenz vor Ischämieauslösung ist in den meisten Untersuchungen als Ausdruck des Rückgangs vagaler Aktivität ohne begleitende sympathische Aktivitätssteigerungen zu werten. Die Höhe der Herzfrequenz zum Zeitpunkt der Ischämieauslösung bewegt sich im allgemeinen in einem Rahmen, der sich vom alltäglichen üblichen Frequenzniveau nicht unterscheidet. Frequenzsteigerungen per se ohne begleitende vagale Depression verursachen keine Ischämien.

4. Der gegenwärtige Forschungsstand weist aus, daß Ischämien im Herzmuskel mehrheitlich durch unmittelbar vorausgehende hochgradige Abschwächungen vagaler Aktivität ausgelöst und ausgestaltet werden. Der »antiischämische Effekt«, also ein Rückgang auftretender Ischämien durch eine therapeutisch induzierte Steigerung vagaler Aktivität unterstreicht diesen Zusammenhang.

HRV in der Akutphase der ischämischen Herzkrankheit

1. Nach den vorliegenden Studien ist die Herabseztung der Vagusaktivität bei »instabiler Angina«, also in der symptomatisch akuten Phase der ischämischen Herzkrankheit, besonders stark ausgeprägt. Die Reduktion vagaler Aktivität in dieser »Prä-Infarktphase« entspricht der hochgradigen Reduktion des Vagustonus in der «Post-Infarktphase«, etwa 1 Woche nach Infarkt.

Für sympathische Aktivitätssteigerungen bei instabiler Angina haben die vorliegenden Studien entweder keine Anhaltspunkte ergeben (*Huang et al.*, 1995) oder keine überzeugenden Daten geliefert (*Lanza et al.*, 1997).

2. Die Reduktion vagaler Aktivität bei instabiler Angina ist nicht Folge eines verschließenden koronaren Prozesses. Sie besteht unabhängig vom koronarsklerotischen Prozeß.

3. Das Ausmaß der vagalen Reduktion bei instabiler Angina erwies sich in mehreren Studien als entscheidender prognostischer Marker für das weitere Schicksal der Patienten. Eine anhaltende hochgradige vagale Depression war mit schlechter Prognose, mit anhaltenden Beschwerden und dem Auftreten schwerer kardialer Ereignisse (Herzinfarkt, plötzlicher Herztod) verbunden. Eine Anhebung der Vagusaktivität bei instabiler Angina signalisierte einen günstigen Verlauf.

4. Ein akuter Myokardinfarkt induziert in den ersten Tagen lokalisationsabhängige reflektorische Aktivierungen beider Äste des autonomen Nervensystems. Nach Abklingen dieser reflektorischen Unruhe, zu Beginn der Erholungsphase nach etwa einer Woche ist der Vagustonus am stärksten herabgesetzt. Die Absenkungen zu diesem Zeitpunkt entsprechen dem hohen Grad an vagaler Depression bei instabiler Angina.

Für anhaltende sympathische Aktivierungen fanden sich in den vorliegenden Studien 1 Woche nach Infarkt keine Belege. Die Arbeit von *Lombardi et al.* (1996), in der Gegenteiliges behauptet wird, überzeugt nicht aus methodischen Gründen. Die Reduktion vagaler Aktivität im Postinfarktstadium kann nicht auf einer reflektorischen Hemmung durch andauernde sympathische Erregbarkeitssteigerungen im Gefolge des Infarkts beruhen.

5. Die zirkadiane Variation vagaler Aktivität ist in der frühen Postinfarktphase vollkommen aufgehoben, sogar ins Gegenteil verkehrt. Das heißt, daß der zugrunde liegende Defekt, die Abschwächung des zentralen parasympathischen Aktivitätspols, im Verlauf eines akuten Myokardinfarkts besonders stark ausgeprägt ist.

6. Das Ausmaß der vagalen Depression in der frühen Postinfarktphase ist der stärkste Prädiktor für das kardiale Sterberisiko in den Folgejahren. Je stärker die Absenkung der Vagusaktivität in diesen Tagen, desto größer das Risiko, in den nächsten Jahren am Herztod zu sterben.

7. Wenn ein akuter Herzinfarkt überlebt wird, erholt sich die vagale Aktivität im allgemeinen innerhalb von etwa 3 Monaten und erreicht dann wieder das chronisch reduzierte Niveau bei chronischer KHK.

8. Wie eine Myokardischämie vielfach akut in eine vagale Abschwungbewegung eingebettet ist, so ist das Auftreten eines Myokardinfarkts lebensphasisch mit einer ähnlich strukturierten Bewegung des Vagustonus verbunden. Dem Herzinfarkt geht häufig eine akute symptomatische Phase instabiler Angina voraus, in der die chronisch reduzierte vagale Aktivität, wie sie typisch ist für die chronische KHK, deutlich weiter abnimmt. Das Verhalten der Vagusaktivität in dieser Phase ist von entscheidender prognostischer Bedeutung für den weiteren Verlauf der Erkrankung. Das Auftreten eines Herzinfarkts ist mit stärksten vagalen Reduktionen verbunden. In der anschließenden Erholungsphase kann das alte Ausgangsniveau reduzierter Vagusaktivität nach etwa 3 Monaten wieder erreicht werden. Das weitere Lebensschicksal bleibt von der vagalen Bewegung bestimmt. Das Ausmaß der vagalen Depression in der Postinfarktphase ist von größter prognostischer Bedeutung für das kardiale Sterberisiko in den nächsten Jahren.

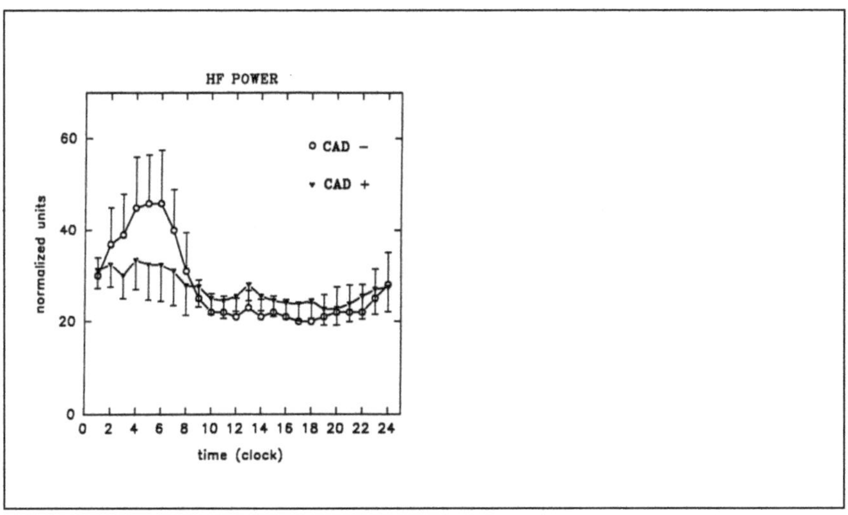

Abbildung 8a: Zirkadiane Variation der Spektralkomponenten HF und LF bei **Ischämischer Herzkrankheit,** jeweils im Vergleich mit gesunden Kontrollpersonen
8a. Offene Kreise = Gesunde, gefüllte Kreise = KHK
(nach *Huikuri et al.*, 1994)

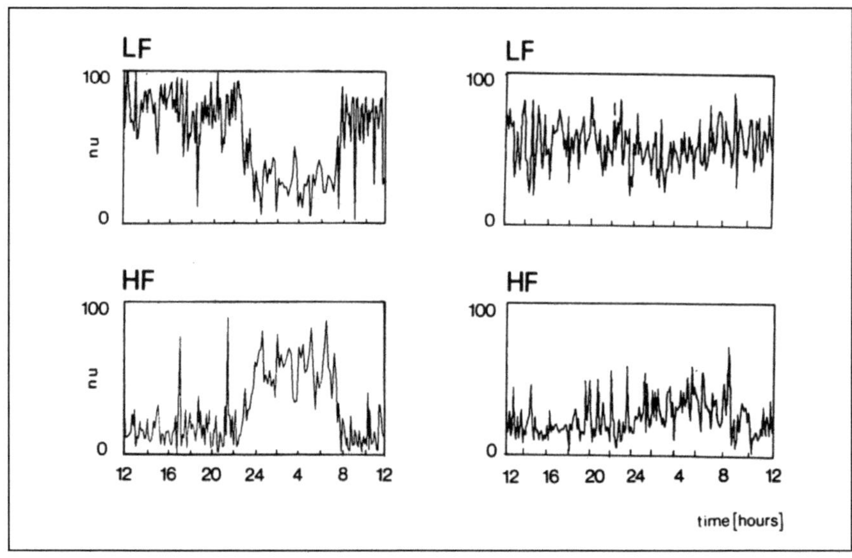

Abbildung 8 b: Zirkadiane Variation der Spektralkomponenten HF und LF bei **Essentieller Hypertonie** jeweils im Vergleich mit gesunden Kontrollpersonen Links = Normotensive, rechts = Hypertensive (nach *Guzetti et al.*, 1991)

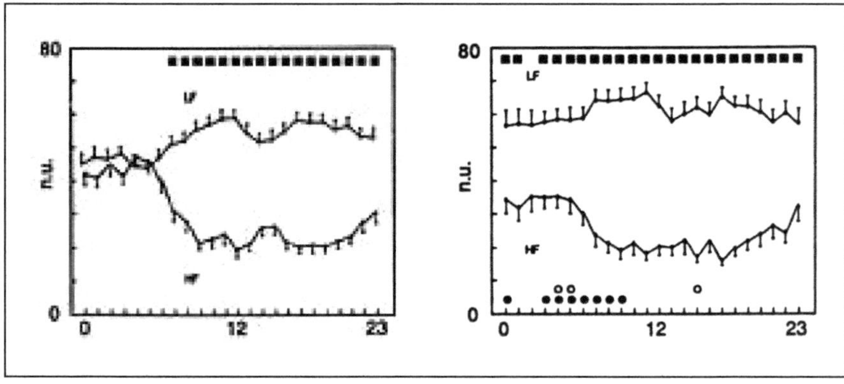

Abbildung 8 c: Zirkadiane Variation der Spektralkomponenten HF und LF bei **Diabetes mellitus ohne ADN** jeweils im Vergleich mit gesunden Kontrollpersonen. Links = Gesunde, rechts = Diabetiker ohne ADN (nach *Bernardi et al.*, 1992)

4. HRV und Streß/Disstreß

Robinson et al. publizierten 1966 eine Studie über die autonome Steuerung der Herzfrequenz. Bei 4 jungen Männern wurden die Effekte einer Beta-Blockade mit Propranolol, einer parasympathischen Blockade mit Atropin sowie einer kombinierten sympathisch-parasympathischen Blockade in Ruhe und unter ergometrischer Belastung untersucht. In einem Kontrolldurchgang mit intakten sympathischen und parasympathischen Efferenzen betrug die HR in Ruhe 52/min und stieg linear mit ansteigender Belastung an. Als Folge der Doppelblockade stieg die HR in Ruhe um 42/min auf 94/min. Als Folge alleiniger sympathischer Blockade fiel die HR in Ruhe um 4/min und als Folge alleiniger parasympathischer Blockade stieg die Ruhe-HR um 46/min. Ein anschauliches Beispiel für die hohe Dominanz vagaler Steuerung im Ruhezustand.

Unter sympathischer Blockade bei intakter parasympathischer Efferenz stieg die HR unter ansteigender Belastung ganz ähnlich wie im Kontrolldurchlauf an. Im höheren, etwa oberen Drittel des Leistungsbereichs war der HR-Anstieg allerdings etwas geringer als unter Kontrollbedingungen.

Unter parasympathischer Blockade bei intaktem sympathischen System stieg die HR, wie bereits erwähnt, in Ruhe um 46/min. Im unteren Leistungsbereich änderte sich die HR nicht oder nur unwesentlich, im oberen Bereich, etwa ab einer HR von 100/min, konnten in dieser Versuchsanordnung noch deutliche Leistungsreserven erschlossen werden.

Diese Versuchsergebnisse belegen, daß die Herzfrequenz im unteren und mittleren Leistungsbereich ganz vorrangig durch eine Abnahme des Vagustonus gesteuert wird. Im oberen Leistungsbereich erfolgt die Steuerung der HR einerseits durch weitere Abnahme des Vagustonus. Andererseits werden sympathische Aktivitätsanstiege in diesem Bereich zunehmend bedeutsam für die HR-Beschleunigung.

Arai et al. (1989) untersuchten als erste Spektralkomponenten der HRV unter ergometrischer Belastung an 43 gesunden Personen (Durchschnittsalter 44 Jahre), sowie an 4 Patienten mit Herzinsuffizienz und 6 Patienten nach Herztransplantation. Die Kontrollpersonen wurden maximal belastet (max. Belastungsstufe im Schnitt 190 Watt).

HF Power nahm bei Gesunden kontinuierlich vom Ruhezustand bis zur maximalen Belastungsstufe ab, anfangs stärker, im hohen Leistungsbereich flachte sich die Kurve ab. Im Spitzenbereich glich sich die HF Komponente den von Anbeginn hochgradig reduzierten Werten der Transplantations-Patienten an. LF Power zeigte einen ganz ähnlichen Verlauf, der Quotient LF/HF verlief ohne signifikante Trends.

Diese Untersuchung belegt, daß die Herzleistung unter ergometrischer Belastung durch eine progressive Abnahme des Vagustonus gesteuert wird. Für einen Anstieg des Sympathikustonus ergaben diese Ergebnisse keinen Anhalt.

Der kontinuierliche Rückgang der HRV, und zwar sowohl der HF wie der LF Power, unter ergometrischer Belastung ist wiederholt bestätigt worden (*Perini et al.*, 1990; *Yamamoto et al.*, 1991). Der sympathische Aktivitätsanstieg im oberen Leistungsbereich, der bereits in den Untersuchungen von *Robinson et al.* (1966) deutlich wurde und durch den Nachweis entsprechender Anstiege der Plasma-Katecholamine belegt ist (*Perini et al.*, 1989; *Mazzeo & Marshall*, 1989) findet im Verhalten der LF Komponente keinen Niederschlag.

Breuer et al. (1993) führten bei 6 gesunden Männern (Durchschnittsalter 31 Jahre) 2 unterschiedliche ergometrische Tests durch. Einmal wurde die Belastung kontinuierlich bis zu einer Zielfrequenz von 100/min gesteigert, das 2. Mal bis zu einer Zielfrequenz von 150/min. Gemessen wurden u.a. die Spektralkomponenten der HRV sowie die Plasmaspiegel von Adrenalin und Noradrenalin.

Auch in dieser Studie fand sich ein signifikanter Rückgang sowohl der HF wie der LF Power in beiden Belastungstests. Bei dem Test, der mit einer steady state HR von 100/min endete, fand sich kein Anstieg der Katecholamine, erst bei Belastungsstufen, die darüber hinausgingen und bei einer HR von 150/min endeten, zeigten sich signifikante Anstiege von Adrenalin und Noradrenalin.

Auf eine Infusion von Atropin fanden sich in der gleichen Studie die bekannten hochgradigen Reduktionen von HF und LF (s. Methodikteil), womit die starke vagale Determinierung der LF Power bestätigt wurde. Eine sich daran anschließende Infusion von Katecholaminen induzierte einen erneuten signifikanten Abfall der LF Komponente. Daraus schlossen die Autoren auf einen möglichen negativen Feed back-Mechanismus zirkulierender Katecholamine auf den zentralen sympathischen Kreislauftonus.

Murakawa et al. (1993) untersuchten das Verhältnis von HR und den Spektralkomponenten der HRV bei 14 KHK-Patienten, 14 Diabetikern und 23 Kontrollpersonen aus 24 Stunden Holter-Aufzeichnungen. Im Frequenzbereich von 60–80/min fand sich eine signifikante inverse Beziehung zwischen der HF Power und der HR bei allen 3 Gruppen zur Tages- und zur Nachtzeit (Ausnahme Diabetiker zur Tageszeit). Zwischen dem LF/HF-Quotienten und HR ergab sich keine konsistente Relation. Das heißt, daß die Herzfrequenz während normaler täglicher Aktivitäten vagal gesteuert wird.

Untersuchungen zur mentalen Streßbelastung kommen zu ganz ähnlichen Resultaten wie bei den physischen Belastungstests. Mentale Streßbelastungen gingen mit Reduktionen der HF und LF Power (*Tuininga et al.*, 1995; *Sloan et al.*, 1996) sowie Reduktionen des RMSSD (*Myrtek et al.*, 1996) einher. *Sloan et al.* (1996) konnten dabei zeigen, daß psychologisch herausfordernder mentaler Streß neben der Reduktion vagaler Aktivität einen Anstieg der Plasma-Katecholamine als Ausdruck sympathischer Erregungssteigerung induzierte. *Myrtek et al.* (1996) werteten konsequenterweise Reduktionen der HRV als Indikator der mentalen Streßbelastung.

Zusammenfassend ergibt sich, daß die Herzaktivität bei Gesunden unter Ruhebedingungen unter hochgradiger vagaler Tonusdominanz steht. Alltagsbelastungen im unteren und mittleren Leistungsbereich (bis etwa zu einer HR von 100/min) werden primär durch Rücknahme des starken Ruhe-Vagustonus reguliert. Erst im oberen Leistungsbereich (etwa im oberen Drittel) kommt es zu einer Zuschaltung sympathischer Aktivität. Diese erfolgt offenbar primär über eine Ausschüttung der Katecholamine.

Bei akutem Streß, in Situationen besonderer Anspannung, dominiert der Sympathikus. Der Alltag wird durch Variation des Vagustonus gesteuert. Dementsprechend ist davon auszugehen, daß chronische Streßbelastung zu chronischer Reduktion vagaler Aktivität ohne sympathische Aktivitätsanstiege führt.

Siegrist et al. (1997) untersuchten das Konzept erhöhter kardiovaskulärer Reaktivität auf mentalen Streß bei chronischer psychosozialer Streßbelastung. Sie gingen dabei von einem Zwei-Phasen-Modell aus, derart, daß eine anfangs erhöhte Streßreaktivität bei langandauernder Belastung im Sinn einer funktionellen Adaptation in eine reduzierte Reaktivität übergeht. Sie führten bei 54 Männern (mittleres Management, Durchschnittsalter 47 Jahre) einen modifizierten Stroop Test (Word Colour Interference Test) durch und unterteilten das Gesamtkollektiv in 3 Untergruppen entsprechend dem Grad der chronischen beruflichen Streßbelastung der Versuchsteilnehmer.

In der Gruppe mit der höchsten Streßbelastung im Arbeitsleben fanden sich deutlich reduzierte Anstiege von HR, Adrenalin und Cortisol auf den mentalen Test-Streß im Vergleich zu den beiden anderen Gruppen. Das heißt, daß bei chronischer Streßbelastung eine Abschwächung der sympatho-ergotropen Reaktivität vorliegt.

Leider sind HRV Analysen in der Disstreß Forschung bisher ein absolutes Stiefkind. In einer bulgarischen Arbeit (*Danev et al.*, 1997) wurde als Maß des Disstreß der Grad der HRV Reduktion verwendet. Das könnte zukunftsweisend sein.

Literatur

Abramov LA (1976) Sexual life and sexual frigidity among women developing myocardial infarction. Psychosom Med 38:418-425

Airaksinen K, Käheimo MJ, Linnaluoto MK, Niemelä M, Takkunen JT (1987) Impaired vagal heart rate control in coronary artery disease. Br Heart J 58:592-597

Airaksinen KEJ, Ikäheimo J, Huikuri HV, Linnaluoto MK, Takkunen TJ (1993) Responses of Heart Rate Variability to Coronary Occlusion During Coronary Angioplasty. Am J Cardiol 72:1026-1030

Akselrod S, Gordon D, Ubel FA, Shannon DC, Barger AC, Cohen RJ (1981) Power spectrum analysis of heart rate fluctuations. A quantitative probe of beat-to-beat cardiovascular control. Science 213:220-222

Ambrose JA, Winters SL, Arora RR, Eng A, Riccio A, Gorlin R, Fuster V (1986) Angiographic Evolution of Coronary Artery Morphology in Unstable Angina. J Am Coll Cardiol 7:472-478

Ambrose JA, Tannenbaum M, Alexopoulos D, Hjemdahl-Monsen CE, Leavy J, Weiss M, Borrico S, Gorlin R, Fuster V (1988) Angiographic Progression of Coronary Artery Disease and the Development of Myocardial Infarction. J Am Coll Cardiol 12:56-62

Appels A, Mulder B (1988) Excess fatigue as a precursor of myocardial infarction. Eur Heart J 9:758-764

Appels A, Schouten E (1993) Erschöpftes Erwachen als Risikofaktor der koronaren Herzkrankheit. Psychother Psychosom med Psychol 43:166-170

Arai Y, Saul P, Albrecht P, Hartley H, Lilly LS, Cohen RJ, Colucci WS (1989) Modulation of cardiac autonomic activity during and immediately after exercise. Am J Physiol 256:H132-H141

ARIC investigators (1989) The Atherosclerosis Risk in Communities (ARIC) Study: design and objectives. Am J Epidemiol 129:687-702

Arlow JA (1945) Identification mechanisms in coronary occlusion. Psychosomatic Medicine 7:195-209

Bachmann G (1959) Die Akupunktur, eine Ordnungstherapie. Haug Verlag, Ulm-Donau.

Barber MJ, Mueller TM, Davies BG, Zipes DP (1984) Phenol topically applied to left ventricular epicardium interrupts sympathetic but not vagal afferents. Circulation Res 5:532-544

Baroldi G (1971) Functional morphology of the anastomotic circulation in human cardiac pathology, Methods Ach Exp Pathol 5:438-473

Baroldi G (1978) Coronary stenosis: Ischemic or non-ischemic factor? Am Heart J 96:139-143

Baroldi G, Scomazzoni G (1967) Coronary circulation in the normal and pathologic heart. Washington, D.C. American Registry of Pathology, Armed Forces Institute of Pathology, Government Printing Office.

Bazhenova OV, Porges SW (1997) Vagal reactivity and affective adjustment in infants. Convergent response systems. Ann NY Acad Sci 807:469-471

Berkman L, Syme SL (1979) Social Networks, Host Resistance, And Mortality: A Nine-Year Follow-Up Study of Alameda County Residents. Am J Epidemiol 109:186-204

Berkman LF, Leo-Summers L, Horwitz RI (1992) Emotional Support and Survival after Myocardial Infarction. A Prospective, Population-based Study of the Elderly. Annals Internal Med 117:1003-1009

Berkman L (1995) The Role of Social Relations in Health Promotion. Pschosom Med 57:245-254

Bernardi L, Ricordi L, Lazzari P, Sold† P, Calciati A, Ferrari MR, Vandea I, Finardi G, Fratino P (1992) Impaired Circadian Modulation of Sympathovagal Activity in Diabetes. Circulation 86:1443-1452

Bernardi L, Sleight P, Bandinelli G, Cencetti S, Fattorini L, Wdowczyc-Szulc J, Lagi A (2001) Effect of rosary prayerand yoga mantras on autonomic cardiovascular rhythms: comparative study. Br Med J 323:1446-1449

Bigger JT, Kleiger RE, Fleiss JL, Rolnitzky LM, Stinman RC, Miller JP, The Multicenter Post-Infarction Research Group (1988) Components of Heart Rate Variability Measured During Healing of Acute Myocardial Infarction. Am J Cardiol 61:208-215

Bigger JT, Hoover CA, Steinman RC, Rolnitzky LM, Fleiss JL, and the Multicenter Study of Silent Myocardial Ischemia Investigators (1990) Autonomic Nervous System Activity During Myocardial Ischemia in Man Estimated by Power Spectral Analysis of Heart Period Variability Am J Cardiol 66:497-498

Bigger JT, Fleiss JL, Rolnitzky LM, Steinman RC, Schneider WJ (1991) Time course of recovery of heart period variability after myocardial infarction. J Am Coll Cardiol 18:1643-1649

Bigger JT, Fleiss JL, Rolnitzsky LM, Steinman RC (1992a) Stability over time of heart period variability in patients with previous myocardial infarction and ventricular arrhythmias. Am J Cardiol 69:718-723

Bigger JT, Fleiss JL, Steinman RC, Rolnitzky LM, Kleiger RE, Rottman, N (1992b) Frequency Domain Measures of Heart Period Variability and Mortality After Myocardial Infarction. Circulation 85:164-171

Bigger JT, Fleiss JL, Steinman C, Rolnitzky M, Schneider WJ, Stein PK (1995) RR Variability in Healthy, Middle-Aged Persons Compared With Patients With Chronic Coronary Heart Disease or Recent Acute Myovcardial Infarction. Circulation 91:1936-1943

Birbaumer N, Schmidt RF (1996) Biologische Psychologie. Springer-Verlag Berlin, Heidelberg, New York. 3. Auflage

Bischko J (1973) Akupunktur für Fortgeschrittene. Haug Verlag, Heidelberg.

Block TA, Murray JA, English MT (1977) Improvement in exercise performance after unsuccessful myocardial revascularization. Am J Cardiol 40:673-680

Brembilla-Perrot B, Ross M, Jacquemin L, Beurrier D, Houpion P, Danchin N (1997) Analyse de la variabilité sinusale avant et au moment du décès de cause cardiaque. Arch Mal Coeur 90:1477-1484

Breuer H-W M, Skyschally A, Schulz R, Martin C, Wehr M, Heusch G (1993) Heart rate variability and circulating catecholamine concentrations during steady state exercise in healthy volunteers. Br Heart J 70:144-149

Brody S, Veit R, Rau H (2000) A preliminary report relatingfrequency of vaginal intercourse to heart rate variability, Valsalva ratio, blood pressure, and cohabitation status. Biol Psychol 52:251-257

Brouwer J, Portegies JM, Haaksma J, vd Ven LLM, Viersma JW, Lie KI (1994) Heart Rate Variability Before, During and After Episodes of Silent Myocardial Ischemia. J Am Coll Cardiol 320A

Burger AJ, Kamalesh M (1999) Effect of Beta-Adrenergic Blocker Therapy on the Circadian Rhythm of Heart Rate Variability in Patients With Chronic Stable Angina Pectoris. Am J Cardiol 83:596-598

Carney RM, Rich MW, TeVelde A, Saini J, Clark K, Freedland KE (1988) The Relationship Between Heart Rate, Heart Rate Variability And Depression In Patients With Coronary Artery Disease. J Psychosom Res 32:159-164

Carney RM, Saunders RD, Freedland KE, Stein P, Rich MW, Jaffe AS (1995) Association of Depression With Reduced Heart Rate Variability in Coronary Artery Disease. Am J Cardiol 76:562-564

Carson RP, Lazzara R (1970) Hemodynamic Responses Initiated by Coronary Stretch Receptors with Special Reference to Coronary Ateriography. Am J Cardiol 25:571-578

Casadei, B, Pipilis A, Sessa F, Conway J, Sleight P (1993) Low Doses of Scopolamine Increase Cardiac Vagal Tone in the Acute Phase of Myocardial Infarction. Circulation 88:353-357

Casadei B, Conway J, Forfar C, Sleight P (1996) Effect of low doses of scopolamine on RR interval variability, baroreflex sensitivity, and exercise performance in patients with chronic heart failure. Heart 75:274-280

Case RB, Moss AJ, Case N, McDermott M, Everly S (1992) Living Alone After Myocardial Infarction. Impact on Prognosis. JAMA 267:515-519

Casolo, GC, Stroder P, Signorini C, Calzolari F, Zucchini M, Balli E, Sulla A, Lazzerini S (1992) Heart Rate Variability During the Acute Phase of Myocardial Infarction. Circulation 85:2073-2079

CASS (1984) Myocardial infarction and mortality in the coronary artery surgery study (CASS) randomized trial. New Engl J Med 310:750-758

Chakko S, Fernandez A, Sequeira R, Kessler KM, Myerburg RJ (1996) Heart rate variability during the first 24 hours of successfully reperfused acute myocardial infarction: Paradoxic decrease after reperfusion. Am Heart J 132:586-592

Chierchia S, Gallino A, Smith G, Deanfield J, Morgan M, Croom M, Maseri A (1984) Role of heart rate in pathophysiology of chronic stable angina. Lancet 2:1353-1357

Chilson DA, Peigh P, Mahomed Y, Zipes DP (1985) Encircling endocardial incision interrupts efferent vagal-induced prolongation of endocardial and epicardial refractoriness in the dog. J Am Coll Cardiol 5:290-296

Christensen JH, Toft E, Christensen MS, Schmidt EB (1999) Heart rate variability and plasma lipids in men with and without ischaemic heart disease. Atherosclerosis 145:181-186

Cole PM, Zahn-Waxler C, Fox NA, Usher BA, Welsh JD (1996) Individual Differences in Emotion Regulation and Behavior Problems in Preschool Children. J Abnormal Psychology 105:518-529

Cripps TR, Malik M, Farrell TG, Camm AJ (1991) Prognostic value of reduced heart rate variability after myocardial infarction: clinical evaluation of a new analysis method. Br Heart J 65:14-19

Danev S, Nokolova R, Kerekovska M, Svetoslavov S (1997) Relationship between heart rate variability and hypercholesterolaemia. Cent Eur J Public Health 5:143-146

Davey SG, Frankel S, Yarnell J (1997) Sex and death: Are they related? Findings from the Caerphilly Cohort Study. Br Med J 315:1641-1644

Deanfield JE, Maseri A, Selwyn AP, Ribeiro P, Chierchia S, Krikler S, Morgan M (1983) Myocardial ischemia during daily life in patients with stable angina: its relation to symptoms and heart rate. Lancet 2:753-758

De Ferrari GM, Mantica M, Vanoli E, Hull SS, Schwartz PJ (1993) Scopolamine Increases Vagal Tone and Vagal Reflexes in Patients After Myocardial Infarction. J Am Coll Cardiol 22:1327-1334

DeBenedittis G, Cigada M, Bianchi A, Signorini MG, Cerutti S (1994) Autonomic Changes During Hypnosis: A Heart Rate Variability Power Spectrum Analysis as a Marker of Sympatho-Vagal Balance. Int J Clin Exp Hypnosis 42:140-152

DeGangi, G, DiPietro J, Greenspan SI, Porges SW (1991) Psychophysiological Characteristics of the Regulatory Disordered Infant. Infant Behavior and Development 14:37-50

Denollet J, Sys SU, Stroobant N, Rombouts H, Gillebert TC, Brutsaert DL (1996) Personality as independent predictor of long-term mortality in patients with coronary heart disease. Lancet 347:417-421

Dilaveris PE, Zervopoulos GA, Psomadaki ZD, Michaelides AP, Gialofos JE, Toutouzas PK (1996) Assessment of Time Domain and Spectral Components of Heart Rate Variability Immediately Before Ischemic ST Segment Depression Episodes. PACE 19:1337-1345

Dixon EM, Kamatah MV, McCartney N, Fallen EL (1992) Neural regulation of heart rate variability in endurance athletes and sedentary controls. Cardiovasc Res 26:713-719

Dreifuss JJ, Dubois-Dauphin M, Widner H, Raggenbass M (1992) Electrophysiology of oxytocin actions on central neurons. Ann NY Acad Sci 652:46-57

Dunbar HF (1942) Psychosomatic Diagnoses. Hoeber, New York-London, 1948, 4.Ed:293-337

Ewing DJ, Borsey DQ, Bellavere F, Clarke BF (1981) Cardiac autonomic neuropathy in diabetes: comparison of measures of R-R interval variation. Diabetologia 21:18-24

Farrell TG, Bashir Y, Cripps T, Malik M, Poloniecki J, Bennett ED, Warad DE, Camm AJ (1991) Risk Stratification for Arrhythmic Events in Postinfarction Patients Based on Heart Rate Variability, Ambulatory Electrocardiographic Variables and the Signal-Averaged Electrocardiogram. J Am Coll Cardiol 18:687-697

Fei L, Statters DJ, Hnatkova K, Poloniecki J, Malik M, Camm AJ (1994) Change of Autonomic Influence on the Heart Immediately Before the Onset of Spontaneous Idiopathic Ventricular Tachycardia. J Am Coll Cardiol 24:1515-1522

Flapan A, Wright RA, Nolan J, Neilson JM, Ewing DJ (1993) Differing Patterns of Cardiac Parasympathetic Activity and Their Evolution in Selected Patients With a First Myocardial Infarction. J Am Coll Cardiol 21:926-931

Fox NA (1989) Psychophysiological Correlates of Emotional Reactivity During the First Year of Life. Developmental Psychology 25:364-372

Frasure-Smith N, LespÇrance F, Talajic M (1995) Depression and 18-Month Prognosis After Myocardial Infarction. Circulation 91:999-1005

Freeman R, Weiss ST, Roberts M, Zbikowski SM, Sparrow D (1995) The relationship between heart rate variability and measures of body habitus. Clin Auton Res 5:261-266

Goldsmith RL, Bigger T, Steinman RC, Fleiss JL (1992) Comparison of 24-Hour Parasympathetic Activity in Endurance-Trained and Untrained Young Men. J Am Coll Cardiol 20:552-558

Goldsmith RL, Bloomfield D, Rottman J, Bigger JT (1993) Heart Rate Variability: Disagreement on the Markers of Sympathetic and Parasympathetic Activities. Reply. J Am Coll Cardiol 22:951-954

Goseki Y, Matsubara T, Takahashi N, Takeuchi T, Ibukiyama C (1994) Heart Rate Variability Before the Occurrence of Silent Myocardial Ischemia During Ambulatory Monitoring. Am J Cardiol 73:845-849

Gottman JM, Katz LF, Hooven C (1996) Parental Meta-Emotion Philosophy and the Emotional Life of Families: Theoretical Models and Preliminary Data. J Family Psychology 3:243-268

Greene HL, Richardson DW, Barker AH and the CAPS Investigators (1989) Classification of deaths after myocardial infarction as arrhythmic or nonarrhythmic (the Cardiac Arrhythmia Pilot Study). Am J Cardiol 63:1-6

Groen J, van der Valk JM, Treurniet N, Kits van Heijningen H, Pelser HE, Wilde GJS (1965) Het acute myocardinfarct, een psychosomatische studie. Bohn, Haarlem.

Grossarth-Maticek R, Bastiaans J, Kanazir DT (1985) Psychosocial Factors As Strong Predictors Of Mortality From Cancer, Ischaemic Heart Disease and Stroke: The Yugoslav Prospective Study. J Psychosom Res 29:167-176

Guzzetti S, Dassi S, Pecis M, Casati R, Masu AM, Longoni P, Tinelli M, Cerutti S, Pagani M, Malliani A (1991) Altered pattern of circadian neural control of heart period in mild hypertension. J Hypertension 9:831-838

Harrison LL, Leeper JD, Yoon M (1990) Effects of early parent touch on preterm infants' heart rates and arterial oxygen saturation levels. J Advanced Nursing 15:877-885

Hartikainen JE, Malik M, Staunton A, Poloniecki J, Camm AJ (1996) Distinction Between Arrhythmic and Nonarrhythmic Death After Acute Myovcardial Infarction Based on Heart Rate Variability, Signal-Averaged Electrocardiogram, Ventricular Arrhythmias and Left Ventricular Ejection Fraction. J Am Coll Cardiol 28:296-304

Hayano J, Sakakibara Y, Yamada M, Ohte N, Fujinami R, Yokoyama K, Watanabe Y, Takata K (1990a) Decreased Magnitude of Heart Rate Spectral Components in Coronary Artery Disease. Its Relation to Angiographic Severity. Circulation 81:1217-1224

Hayano J, Yamada M, Sakakibara Y, Fujinami T, Yokoyama K, Watanabe Y, Takata K (1990b) Short- and Long-Term Effects of Cigarette Smoking on Heart Rate Variability. Am J Cardiol 65_84-88

Hayano J, Yamada A, Mukai S, Sakakibara Y, Yamada M, Ohte N, Hashimoto T, Fujinami T, Takata K (1991) Severity of coronary atherosclerosis correlates with the respiratory component of heart rate variability. Am Heart J 121:1070-1079

Haynes SG, Feinleib M, Kannel WB (1980) The Relationship of Psychosocial Factors To Coronary Heart Disease In The Framingham Study. Am J Epidemiol 111:37-58

Healy B, Peck J (1997) Bradycardia induced from stimulation of the left versus right central nucleus of the amygdala. Epilepsy Res 28:101-104

Hellerstein HK, Friedman EH (1970) Sexual activity in the postcoronary patient. Arch Intern Med 125:987-999

Herrmann Ch, Brand-Driehorst S, Buss U, Rüger U (2000) Effects of anxiety and depression on five-year mortality in 5.057 patients referred for exercise testing. J Psychosom Res 48:455-462

Herrmann-Lingen Ch (2000) Biopsychosoziale Faktoren in der Genese und Manifestation der koronaren Herzkrankheit. Zsch psychosom Med 46:315-330

Hoff F (1957) Fieber. Unspezifische Abwehrvorgänge. Unspezifische Therapie. Thieme, Stuttgart.

Horsten M, Ericson M, Perski A, Wamala SP, Schenk-Gustafsson K, Orth-Gomér K (1999) Psychosocial factors and heart rate variability in healthy women. Psychosom Med 61:49-57

Huang J, Leatham E, Redwood S, Yiö G, Chen L, Kaski C, Malik M (1994) Heart Rate Variability is Depressed in Patients With Unstable Angina. J Am Coll Cardiol Abstracts:196A

Huang J, Sopher M, Leatham E, Redwood S, Camm J, Kaski JC (1995) Heart rate variability depression in patients with unstable angina. Am Heart J 130:772-779

Huikuri HV, Kessler KM, Terracall E, Castellanos A, Linnaluoto MK, Myerburg J (1990) Reproducibility and Circadian Rhythm of Heart Rate Variability in Healthy Subjects. Am J Cardiol 65:391-393

Huikuri HV, Niemelä MJ, Ojala S, Rantala A, Ikäheimo MJ, Airaksinen J (1994) Circadian Rhythms of Frequency Domain Measures of Heart Rate Variability in Healthy Subjects and Patients With Coronary Artery Disease. Circulation 90:121-126

Huikuri HV, Jokinen V, Syvänne M, Nieminen MS, Airaksinen KEJ, Ikäheimo MJ, Koistinen JM, Kauma H, Kesäniemi AY, Majahalme S, Niemelä KO, Frick MH, for the LOCAT Study Group (1999) Heart Rate Variability and Progression of Coronary Atherosclerosis. Arterioscler Thromb Vasc Biol 19:1979-1985

Isner JM, Roberts WC (1978) Right Ventricular Infarction Complicating Left Ventricular Infarction Secondary to Coronary Heart Disease. Am J Cardiol 42:885-894

Kamalesh M, Burger AJ, Kumar S, Nesto R (1995) Reproducibility of Time and Frequency Domain Analysis of Heart Rate Variability in Patients with Chronic Stable Angina. PACE 18:1991-1994

Kaplan SD (1988) Retrospective cohort mortalizy study of Roman Catholic priests. Prev Med 17:335-343

Karasek RA, Theorell T (1990) Healthy work. Stress, productivity, and the reconstruction of working life. New York:Basic Books

Kautzner J. (1995) Reproducibility of heart rate variability measurement. In: Malik M, Camm AJ, eds. Heart Rate Variability. Armonk, NY: Futura; 165-171

Kimmel SE (2000) Sex and myocardial infarction: an epidemiologic perspective. Am J Cardiol 86(suppl):10F-13F

Kits van Heijningen H, Treurniet N (1966) Psychodynamic Factors In Acute Myocardial Infarction. Int J Psycho-Anal 47: 370-374

Klasmeier P (1991) Zum Beziehungsgeschehen mit psychosomatischen Patienten in einer kardiologischen Rehabilitationsklinik. Z f Individualpsychol 16:274-286

Kleiger RE, Miller JPh, Bigger Th, Moss AJ, Multicenter Postinfarction Research Group (1987) Decreased heart rate variability and its association with increased mortality after acute myocardial infarction. Am J Cardiol 59:256-262

Kleiger RE, Bigger JT, Bosner MS, Chung MK, Cook JR, Rolnitzky LM, Steinman R, Fleiss JL (1991) Stability Over Time of Variables Measuring Heart Rate Variability in Normal Subjects. Am J Cardiol 68:626-630

Klingenheben T, Zabel M, Just H, Hohnloser SH (1993) Reproduzierbarkeit von Herzfrequenzvariabilitäts-Messungen in wiederholten 24-Stunden-Langzeit-EKG-Aufzeichnungen. Z Kardiol 82:302-308

Kochiadakis GE, Rombola AT, Kanoupakis EM, Zuridakis EG, Skalidis EI, Vardas PE (1996) Effect of Transdermal Scopolamine on Heart Rate Variability in Patients with Severe Coronary Heart Disease. PACE 19:1867-1871

Kochiadakis GE, Marketou ME, Igoumenidis NE, Simantirakis EN, Parthenakis FI, Manios EG, Vardas PE (2000) Autonomic nervous system activity before and during episodes of myocardial ischemia in patients with stable coronary artery disease during daily life. PACE 23:2030-2039

Kolman B, Verrier R, Lown B (1975) The effect of vagus nerve stimulation upon vulnerability of the canine ventricle: role of sympathetic parasympathetic interactions. Circulation 52:578-585

Kop WJ, Verdino RJ, Gottdiener JS, O'Leary ST, Merz CNB, Krantz DS (2001) Changes in heart rate and heart rate variability before ambulatory ischemic events. J Am Coll Cardiol 38:742-749

Kristal-Boneh E, Froom P, Harari G, Malik M, Ribak J (2000) Summer-winter differences in 24 h variability of heart rate. J Cardiovasc Risk 7:141-146

Krum H, Bigger JT, Goldsmith RL, Packer M (1995) Effect of Long-Term Digoxin Therapy on Autonomic Function in Patients With Chronic Heart

Kuklinski B (1995) Antioxydantien in der prophylaktischen und kurativen Medizin. Ernährung und Immunfunktion.Symposiumsbericht, Deutscher Kassenarztverbund, Gro0 Gerau 10-17

Kupari M, Virolainen J, Koskinen P, Tikkanen MJ (1993) Short-Term Heart Rate Variability and Factors Modifying the Risk of Coronary Artery Disease in a Population Sample. Am J Cardiol 72:897-903

Ladwig KH, Kieser M, König J, Breithardt G, Borggrefe M (1991) Affective disorders and survival after acute myocardial infarction. Eur Heart J 12:959-964

Lanza G, Pedrotti P, Rebuzzi G, Pasceri V, Quaranta G, Maseri A (1997) Usefulness of the Addition of Heart Rate Variability to Holter Monitoring in Predicting In-Hospital Cardiac Events in Patients With Unstable Angina Pectoris. Am J Cardiol 80:263-267

Lespérance F, Frasure-Smith N, Talajic M (1996) Major Depression Before and After Myocardial Infarction: Its Natue and Consequences. Psychosom Med 58:99-110

Liao D, Cai J, Rosamond WD, Barnes RW, Hutchinson RG, Whitsel EA, Rautaharju P, Heiss G (1997) Cardiac Autonomic Function and Incident Coronary Heart Disease: A Population-based Case-Cohort Study. The ARIC Study. Am J Epidemiol 145:696-706

Löffelholz K, Pappano AJ (1985) The parasympathetic neuroeffector junction of the heart. Parmacol Rev 37:1-24

Lombardi F, Sandrone G, Spinnler MT, Torzillo D, Lavezzaro GC, Brusca A, Malliani A (1996) Heart Rate Variability in the Early Hours of an Acute Myocardial Infarction. Am J Cardiol 77:1037-1044

Loricchio ML, Di Clemente D, Saccone V, Ventöuri P, Borghi AL, Bugiardini R (1994) Prognostic Value of Heart Rate Variability in Unstable Angina. J Am Coll Cardiol Abstracts:197A

Lown B, Verrier R (1976) Neural activity and ventricular fibrillation. N Engl J Med 294:1165-1170

Luiten PGM, Ter Horst GJ, Karst H, Steffens AB (1985) The course of paraventricular hypothalamic efferent to atonomic structures in the medulla and the spinal cord. Brain Res 329:374-378

Luria MH, Sapoznikov D, Gilon D, Zahger D, Weinstein JM, Weiss T, Gotsman MS (1993) Early heart rate variability alterations after acute myocardial infarction. Am Heart J 125:676-681

Lynch JJ (1979) Das gebrochene Herz. Rowohlt Verlag, Reinbek bei Hamburg.

Mäkikallio TH, Ristimäe T, Airaksinen KEJ, Peng CK, Goldberger AL, Huikuri HV (1998) Heart Rate Dynamics in Patients With Stable Angina Pectoris and Utility of Fractal and Complexity Measures. Am J Cardiol 81:27-31

Malik M (1998) Heart rate variability. Curr Opinion in Cardiol 13:36-44

Malliani A, Pagani M, Lombardi F, Cerutti S (1991) Cardiovascular neural regulation explored in the frequency domain. Circulation 84:482-492

Malliani A, Lombardi F, Pagani M (1994) Power spectrum analysis of heart rate variability: a tool to explore neural regulatory mechanisms. Br Heart J 71:1-2

Marmot MG, Bosma H, Hemingway H, Brunner E, Stansfeld S (1997) Contribution of job control and other risk factors to social variations in coronary heart disease incidence. Lancet 350:235-239

Martin GJ, Magid NM, Myers G, Barnett PS, Schaad JW, Weiss JS, Lesch M, Singer DH (1987) Heart Rate Variability and Sudden Death Secondary to Coronary Artery Disease During Ambulatory Electrocardiographic Monitoring. Am J Cardiol 60:86-89

Master AM, Dack S, Jaffe HL (1939) Activities associated with the onset of acute coronary artery occlusion. Am Heart J 18:434-444

Master AM (1960) The role of effort and occupation (including physicians) in coronary occlusion. JAMA 174:84-90

Mazzeo RS, Marshall P (1989) Influence of plasma catecholamines on the lactate threshold during graded exercise. J Appl Physiol 67:1319-1322

McAreavey D, Neilson JMM, Ewing DJ, Russell DC (1989) Cardiac parasympathetic activity during the early hours of acute myocardial infarction. Br Heart J 62:165-170

McCraty R, Atkinson M, Tiller WA, Watkins AD (1995) The Effects of Emotions on Short-Term Power Spectrum Analysis of Heart Rate Variability. Am J Cardiol 76:1089-1093

McIntosh HD, Garcia JA (1978) The first decade of aortocoronary bypass grafting, 1967-1977. Circulation 57:405-431

Medalie JH, Goldbourt U (1976) Angina Pectoris Among 10,000 Men. II. Psychosocial and Other Risk Factors as Evidenced by a Multivariate Analysis of a Five Year Incidence Study. Am J Med 60:910-921

Memminger KA, Menninger WC (1936) Psychoanalytic observations in cardiac disorders. Am Heart J 11:10-22

Mezzacappa E, Tremblay RE, Kindlon D, Saul JP, Arsenault L, Pihl RO, Earls F (1996) Relations of aggression and anxiety to automatic regulation of heart rate variability in adolescent males. Annals NY Acad Sci 794:376-379

Miwa K, Igawa A, Miyagi Y, Nakagawa K, Inoue H (1998) Alterations of autonomic nervous activity preceding nocturnal variant angina: Sympathetic augmentation with parasympathetic impairment. Am Heart J 135:762-771

Moersch E (1980) Zur Psychopathologie von Herzinfarkt-Patienten. Psyche: Zeitschrift für Psychoanalyse und ihre Anwendungen 6:493-588

Molgaard H, Sorensen KE, Bjerregaard P (1991) Circadian Variation and Influence of Risk Factors on Heart Rate Variability in Healthy Subjects. Am J Cardiol 68:777-784

Montano N, Ruscone TG, Porta A, Lombardi F, Pagani M, Malliani A, (1994) Power spectrum analysis of heart rate variability to assess the changes in sympathovagal balance during graded orthostatic tilt. Circulation 90:1826-1831

Muller JE (2000) Triggering of cardiac events by sexual activity: Findings from a case-crossover analysis. Am J Cardiol 86(suppl):14F-18F

Murakawa Y, Ajiki K, Usui M, Yamashita T, Oikawa N, Inoue H (1993) Parasympathetic activity is a major modulator of the circadian variability of heart rate in healthy subjects and in patients with coronary artery disease or diabetes mellitus. Am Heart J 126:108-114

Myrtek M, Weber D, Brügner G, Müller W (1996) Occupational stress and strain of female students: results of physiological, behavioral, and psychological monitoring. Biol Psychology 42:379-391

Myrtek M (1999) Das Typ-A-Verhaltensmuster und Hostility als eigenst«ndige Risikofaktoren der koronaren Herzkrankheit. Expertise im Rahmen der Statuskonferenz Psychokardiologie. http://cardio.arago.de.

Nixdorff U, Mohr-Kakaly S, Wagner S, Meyer J (1997) Klinischer Stellenwert der Streßechokardiographie. Dt. Ärztebl 94:A1723-A1728

Nolan J, Flapan AD, Reid J, Neilson JM, Bloomfield P, Ewing DJ (1994) Cardiac parasympathetic activity in severe uncomplicated coronary artery disease. Br Heart J 71:515-520

Nolan J, Flapan AD, Goodfield NE, Prescott RJ, Bloomfield P, Neilson JMM, Ewing DJ (1996) Measurement of Parasympathetic Acvtivity from 24-Hour Ambulatory Electrocardiograms and Ist Reproducibility and Sensitivity in Normal Subjects, Patients With Symptomatic Myocardial Ischemia, and Patents With Diabetes Mellitus. Am J Cardiol 77:154-158

Nowlin JB, Troyer WG, Collins WS, Silverman G, Nichols CR, McIntosh HD, Estes EH, Bogdonoff MD (1965) The association of nocturnal angina pectoris with dreaming. Ann Intern Med 63:1040-1046

Odemuyiwa O, Malik M, Farrell T, Bashir Y, Poloniecki J, Camm J (1991) Comparison of the Predictive Characteristics of Heart Rate Variability Index and Left Ventricular Ejection Fraction for All-Cause Mortality, Arrhythmic Events and Sudden Death After Acute Myocardial Infarction. Am J Cardiol 68:434-439

Ornish D (1992) Revolution in der Herztherapie. Krenz Verlag, Stuttgart

Orth-Gomér K, Undén A-L, Edwards M-E (1988) Social Isolation and Mortality in Ischemic Heart Disease. A 1-Year Follow-up Study of 150 Middle-aged Men. Acta Med Scand 224:205-215

Orth-Gomér K, Rosengren A, Wilhelmsen L (1993) Lack of Social Support and Incidence of Coronary Heart Disease in Middle-Aged Swedish Men. Psychosom Med 55:37-43

Orth-Gomér K, Wamala SP, Horsten M, Schenk-Gustafsson K,Schneiderman N, Mittleman MA (2000) Marital stress worsens prognosis in women with coronary heart disease. JAMA 284:3008-3014

Otsuka K, Yanaga T, Watanabe H (1988) Variant angina and REM sleep. Am Heart J 115:1343-1346

Pagani M, Lombardi F, Guzzetti S, Rimoldi O, Furlan R, Pizzinelli P, Sandrone G, Malfatto G, Dell'Orto S, Piccaluga E, Turiel M, Baselli G, Cerutti S, Malliani A (1986) Power Spectral Analysis of Heart Rate and Arterial Pressure Variabilities as a Marker of Sympatho-Vagal Interaction in Man and Conscious Dog. Circulation Research 59:178-193

Palmore EB (1982) Predictors of longevity difference: a 25-year follow-up. Gerontologist 22:513-518

Pardo Y, Merz NB, Paul-Labrador M, Velasquez I, Gottdiener JS, Kop WJ, Krantz DS, Rozanski A, Klein J, Peter T (1996) Heart Rate Variability Reproducibility and Stability Using Commercially Available Equipment in Coronary Artery Disease With Daily Life Myocardial Ischemia. Am J Cardiol 78:866-870

Parkes CM, Benjamin B, Fitgerald RG (1969) Broken Heart: A Statistical Study of Increased Mortality among Widowers. Brit med J 1:740-743

Perini R, Orizo C, Comande A, Castellano M, Beschi M, Veicsteinas A (1989) A Plasma norepinephrine and heart rate dynamics during recovery from submaximal exercise in man. Eur J Appl Physiol 58:879-883

Perini R, Orizio C, Baselli G, Cerutti S, Veicsteinas A (1990) The influence of exercise intensity on the power spectrum of heart rate variability. Eur J Appl Physiol 61:143-148

Persson G (1981) Five-year mortality in a 70-year-old urban population in relation to psychiatric diagnosis, personality, sexuality and early parental death. Psychiatr Scand 64:244-253

Pipilis A, Flather M, Ormerod O, Sleight P (1991) Heart Rate Variability in Acute Myocardial Infarction and Its Association with Infarct Site and Clinical Course. Am J Cardiol 67:1137-1139

Pitzalis MV, Mastropasqua F, Massari F, Passantino A, Luzzi G, Ligurgo L, Colombo R, Biasco MG, Rizzon P (1998) Different Trends of Changes in Heart Rate Variability in Patients with Anterior and Inferior Acute Myocardial Infarction. PACE 21:1230-1238

Pomeranz B, Macaulay RJB, Caudill MA, Kutz I, Adam D, Gordon D, Kilborn KM, Barger AC, Shannon DC, Cohen RJ, Benson H (1985) Assessment of autonomic function in humans by heart rate spectral analysis. Am J Physiol 248:H151-H153

Porges SW, Doussard-Roosevelt JA, Greenspan SI (1996) Infant Regulation of the Vagal »Brake« Predicts Child Behavior Problems: A Psychobiological Model of Social Behavior. Developmental Psychobiology 29:697-712

Pozzati A, Pancaldi LG, Pasquale GD, Pinelli G, Bugiardini R (1996) Transient Sympathovagal Imbalance Triggers »Ischemic« Sudden Death in Patients Undergoing Electrocardiographic Holter Monitoring. J Am Coll Cardiol 27:847-852

Psychological Inquiry (1991) Target article, commentaries, author's response. Psych Inquiry 2:221-323

Rabinowitz S, Verrier R, Lown B (1976) Muscarinic effects of vagosympathetic trunk stimulation on the repetitive extrasystole (RE) threshold. Circulation 53:622-627

Ramaekers D, Ector H, Demyttenaere K, Rubens A, Van de Werf F (1998) Association between Cardiac Autonomic Function and Coping Style in Healthy Subjects. PACE 21:1546-1552

Reich-Ranicki M (1998) Das Herz - der Joker der deutschen Dichtung. In: Selbmann R (Hg.) Das Insel-Buch vom Herzen. S.283-297. Frankfurt a.M.

Review panel on coronary-prone behavior and coronary heart disease (1981) Coronary-prone behavior and coronary heart disease: a critical review. Circulation 63:1199-1215

Rich MW, Saini JS, Kleiger RE, Carney RM, teVelde A, Freedland KE (1988) Correlation of Heart Rate Variability with Clinical and Angiographic Variables and Late Mortality After Coronary Angiography. Am J Cardiol 62:714-717

RITA 2 (1997) Coronary angioplasty versus medical therapy for angina: the second Randomized Intervention Treatment of Angina (RITA-2). Lancet 350:461-468

Robinson BR, Epstein SE, Beiser GD, Braunwald E (1996) Control of Heart Rate by the Autonomic Nervous System. Circulation Res 19:400-411

Rosenblatt G, Hartmann E, Zwilling GR (1973) Cardiac irritability during sleep and dreaming. J Psychosom Res 17:129-134

Rosenman RH, Friedman M, Straus R, Wurm M, Jenkins CD, Messinger HB (1966) Coronary heart disease in the Western colloborative group study. A follow-up experience of two years. JAMA 195:86-92

Ruberman W, Weinblatt E, Goldberg J, Chaudhary BS (1984) Psychosocial Influences On Mortality After Myocardial Infarction. N Engl J Med 311:552-559

Rugulies R, Siegrist J (1999) Soziologische Aspekte der Entstehung und des Verlaufs der koronaren Herzkrankheit: Soziale Schicht und chronischer Distress im Erwerbsleben. Expertise für die Statuskonferenz Psychokardiologie.

Sacknoff, DM, Gleim GW, Stachenfeld N, Coplan NL (1994) Effect of athletic training on heart rate variability. Am Heart J 127:1275-1278

Schreiner WE (1987) Ovar. In: Siegenthaler W (Hrsg) Klinische Pathophysiologie. Thieme, Stuttgart, New York, S 438

Schwartz J, Gibb WJ, Tran T (1991) Aging Effects on Heart Rate Variation. J Gerontol 46:M99-M106

Selye H (1956) The stress of life. McGraw-Hill, New York.

Shannon DC, Carley DW, Benson H (1987) Aging of modulation of heart rate. Am J. Physiol 253:H874-H877

Siegrist J, Peter R, Junge A, Cremer P, Seidel D (1990) Low Status Control, High Effort At Work And Ischemic Heart Disease: Prospective Evidence From Blue-Collar Men. Soc Sci Med 31:1127-1134

Siegrist J (1996) Adverse health effects of high-effort/low-reward conditions. J Occup Health Psychology 1:27-41

Siegrist J, Klein D, Voigt K-H (1997) Linking sociological with physiological data: the model of effort-reward imbalance at work. Acta Physiol Scand 161 (Suppl. 640):112-116

Siegrist J (1999) Sozialepidemiologie des Herzinfarkts. Hamb Ärztebl 4:164-168

Singer, DH, Martin GH, Magid N, Weiss JS, Schaad JW, Kehoe R, Zheutlin T, Fintel DJ, Hsieh AM, Lesch M (1988) Low Heart Rate Variability and Sudden Cardiac Death. J Electrocardiol Suppl: S46-S55

Singh N, Mironov D, Armstrong PW, Ross AM, Langer A, for the GUSTO ECG Substudy Investigators (1996) Heart Rate Variability Assessment Early After Acute Myocardial Infarction. Circulation 93:1388-1395

Sinnreich R, Friedlander Y, Sapoznikov D, Kark JD (1998) Familial aggregation of heart rate variability based on short recordings - the kibbutzim family study. Hum Genet 103:34-40

Sloan RP, Shapiro PA, Bagiella E, Bigger JT, Lo ES, Gorman JM (1996) Relationships Between Circulating Catecholamines and Low Frequency Heart Period Variability as Indices of Cardiac Sympathetic Activity During Mental Stress. Psychosom Med 58:25-31

Sroka K, Peimann C-J, Seevers H (1997) Heart Rate Variability in Myocardial Ischemia During Daily Life. J Electocardiol 30:45-56

Sroka K (1998) Vagale Depression und ischämische Herzkrankheit. Herz/Kreislauf 30:216-228

Stein PK, Rottman JN, Kleiger RE (1996) Effect of 21 mg Transdermal Nicotine Patches and Smoking Cessation on Heart Rate Variability. Am J Cardiol 77:701-705

Stein PK, Carney RM, Freedland KE, Skala JA, Jaffe AS, Kleiger RE, Rottman JN (2000) Severe depression is associated with markedly reduced heart rate variability in patients with stable coronary heart disease. J Psychosom Res 48:493-500

Stein RA (1977) The effect of exercise training on heart rate during coitus in the post myocardial infarction patient. Circulation 55:738-740

Stein RA (2000) Cardiovascular response to sexual activity. Am J Cardiol 86(suppl):27F-29F

Stifter CA, Spinrad TL, Braungart-Rieker JM (1999) Toward a Developmental Model of Child Compliance: The Role of Emotion Regulation in Infancy. Child Development 70:21-32

Stout C, Morrow J, Brandt EN, Wolf S (1964) Unusually Low Incidence of Death from Myocardial Infarction. JAMA 188:845-849

Stux, Stiller, Pothmann, Jayasuriya (1981) Lehrbuch der klinischen Akupunktur. Springer-Verlag, Berlin, Heidelberg, New York.

Takahashi N, Barber MJ, Zipes DP (1985) Efferent vagal innervation of the canine left ventricle. Am J Physiol 248:H89-H97

Takase B, Kurita A, Noritake M, Uehata A, Maruyama T, Nagayoshi H, Nishioka T, Mizuno K, Nakamura H (1992) Heart Rate Variability in Patients With Diabetes Mellitus, Ischemic Heart Disease, and Congestive Heart Failure. J Electrocardiol 25:79-88

Task Force of the European Society of Cardiology and the North American Society of Pacing and Electrophysiology (1996) Heart Rate Variability. Standards of Measurement, Physiological Interpretation, and Clinical Use. Circulation 93:1043-1065

The Academy of Traditional Chinese Medicine (1975) An Outline of Chinese Acupuncture. Peking.

Titscher G, Schöppl C (2000) Die Bedeutung der Paarbeziehung für Genese und Verlauf der KHK. Expertise für die Statuskonferencz Psychokardolgie

Toivanen H, Länsimies E, Jokela V, Hänninen O (1993) Impact of regular relaxation training on the cardiac autonomic nervous system of hospital cleaners and bank employees. Scand J Work Environ Health 19:319-325

2Tsuji H, Larson MG, Venditti FJ, Manders ES, Evans JC, Feldman CL, Levy D (1996) Impact of Reduced Heart Rate Variability on Risk for Cardiac Events. The Framingham Heart Study. Circulation 94:2850-2855

Undén A-L, Orth-Gomér K, Elofsson S (1991) Cardiovascular Effects of Social Support in the Work Place: Twenty-Four Hour ECG Monitoring of Men and Women. Psychosom Med 53:50-60

Valkama JO, Huikuri HV, Airaksinen J, Linnaluoto ML, Takkunen JT (1994) Determinants of frequency domain measures of heart rate variability in the acute and convalescent phases of myocardial infarction. Cardiovasc Res 28:1273-1276

van Boven, AJ, Brouwer J, Crijns JGM, Haaksma J, Lie KI (1995) Differential autonomic mechanisms underlying early morning and daytime transient myocardial ischaemia in patients with stable coronary artery disease. Br Heart J 73:134-138

Van Hoogenhuyze D, Weinstein N, Martin GJ, Weiss JS, Schaad JW, Sahyouni XN, Fintel D, Remme WJ, Singer DH (1991) Reproducibility and relation to mean heart rate of HRV in normal subjects and in patients with congestive heart failure secondary to CAD. Am J Cardiol 68:1668-1676

Vanoli E, Adamson PB, Ba-Lin, Pinna GD, Lazzara R, Orr WC (1995) Heart Rate Variability During Specific Sleep Stages. A Comparison of Healthy Subjects With Patients After Myocardial Infarction. Circulation 91:1918-1922

Vardas PE, Kochiadakis GE, Manios EG, Kanoupakis EM, Zouridakis EG, Chlouverakis GI (1996) Spectral analysis of heart rate variability before and during episodes of nocturnal ischaemia in patients with extensive coronary artery disease. Eur Heart J 17:388-393

Vybiral T, Bryg RJ, Maddens ME, Bhasin SS, Cronin S, Boden WE, Lehrmann MH (1990) Effects of Transdermal Scopolamine on Heart Rate Variability in Normal Subjects. Am J Cardiol 65:604-608

Vybiral T, Glaeser DH, Morris G, Hess KR, Yang K, Francis M, Pratt CM (1993) Effects of Low Dose Transdermal Scopolamine on Heart Rate Variability in Acute Myocvardial Infarction. J Am Coll Cardiol 22:1320-1326

Wartman WB, Hellerstein HK (1948) The Incidence of Heart Disease in 2,000 Consecutive Autopsies. Ann Intern Med 28:41-65

Watkins PJ, Mackay JD (1980) Cardiac denervation in diabetic neuropathy. Ann Intern Med 92:304-307

Weber F, Schneider H, von Arnim T, Urbaszek W for the TIBBS Investigators Group (1998) Heart rate variability and ischaemia in patients with coronary heart disease and stable angina pectoris. Eur Heart J 19:38-50

Wenkebach KF, Winterberg H (1927) Die unregelmmäßige Herztätigkeit. Engelmann, Leipzig

WHO Task Force on Standardization of Clinical Nomenclature (1979) Nomenclature and Criteria for Diagnosis of Ischemic Heart Disease. Circulation 59:607-609

Wilhelmson B (1932) Die Schwankungen der Pulsfrequenz bei Belastung des Herzens. Z. exper Med 85:248-261

Williams RB, Barefoot JC, Califf RM, Haney TL, Saunders WB, Pryor DB, Hlatky MA, Siegler IC, Mark DB (1992) Prognostic Importance of Social and Economic Resources Among Medically Treated Patients With Angiographically Documented Coronary Artery Disease. JAMA 267:520-524

Wittling W, Block A, Genzhel S, Schweiger E (1998) Hemisphere asymmetry in parasympathetic control of the heart. Neuropsychologia 36:461-468

Wolf MW, Varigos GA, Hunt D, Sloman JG (1978) Sinus arrhythmia in acute myocardial infarction. Med J Austral 2:52-53

Yamasaki Y, Kodama M, Matsuhisa M, Kishimoto M, Ozaki H, Tani A, Ueda N, Ishida Y, Kamada T (1996) Diurnal heart rate variability in healthy subjects: effects of aging and sex difference. Am J Physiol 271:H303-H310

Yamamoto Y, Hughson L, Peterson JC (1991) Autonomic control of heart rate during exercise studied by heart rate variability spectral analysis. J Appl Physiol 71:1136-1142

Yeragani VK, Sobolewski E, Kay J, Jampala VC, Igel G (1997) Effect of age on long-term heart rate variability. Caradiovasc Res 35:35-42

Yotsikura M, Kolde Y, Fujii K, Tomono Y, Katayama A, Ando H, Suzuki J, Ishikawa K (1998) Heart rate variability during the first month of smoking cessation. Am Heart J 135:1004-1009

Ype ST, Crijns HJGM, Brouwer J, van den Berg MP, Man in't Veld AJ, Mulder G, Lie KI (1995) Evaluation of Importance of Central Effects of Atenolol and Metoprolol Measured by Heart Rate Variability During Mental Performance Tasks, Physical Exercise, and Daily Life in Stable Postinfarct Patients. Circulation 92:3415-3423

*Zuanetti,G, Neilson JMM, Latini R, Santoro E, Maggioni AP, Ewing D*J; on Behalf of GISSI-2 (1996) Prognostic Significance of Heart Rate Variability in Post-Myocardial Infarction Patients in the Fibrinolytic Era. The GISSI-2 Results. Circulation 94:432-436

Glossar

ADN: Autonome Diabetische Neuropathie, Zuckerkrankheit mit Schädigung der Nervenfasern von Sympathikus und Parasympathikus

Anamnese: Krankheitsvorgeschichte

Angina pectoris: Brustenge, Herzanfall

Autonomes Nervensystem: Nervensystem zur Regulation der vegetativen Funktionen, von Herz-Kreislauf, Atmung, Verdauung, usw., auch vegetatives Nervensystem genannt

cGMP: zyklisches Guanosin-Monophosphat, der »second messenger« oder Botenstoff des Parasympathikus in den Zellen der parasympathisch versorgten Organe

Diabetes mellitus: Zuckerkrankheit

EKG: Elektrokardiogramm, Herzstromkurve

Herzinsuffizienz: Herzschwäche

HF Power: High Frequency Power, Maß der HRV *

Holter-EKG: Langzeit-EKG, von Holter 1957 entwickelt

HR: Heart Rate, Herzfrequenz

HRV: Heart Rate Variability, Herzfrequenz-Variabilität *

HW-Infarkt: Hinterwandinfarkt

Hypertonie: Bluthochdruck

Hypertonie, essentiell: Primäre Form des Bluthochdrucks

Hypothalamus: Teil des Zwischenhirns, Zentrum vegetativer Funktionen

Ischämie: Blutleere, Mangeldurchblutung

Ischämische Herzkrankheit: Auf Mangeldurchblutung beruhende Herzkrankheit

kardial: das Herz betreffend

Kardiologie: Lehre von den Herzkrankheiten

koronar: die Herzkranzgefäße betreffend

Koronarangiograghie: Röntgenologische Darstellung der Herzkranzarterien

Koronararterien: Herzkranzarterien

Koronarsklerose: Arteriosklerose der Herzkranzarterien

Korrelation: Statistische Wechselbeziehung

LF Power: Low Frequency Power, Maß der HRV *

LF/HF: Quotient aus LF und HF *

limbisches System: Eine Reihe von miteinander verbundenen Hirnregionen, die u.a. für Triebreaktionen und Emotionen verantwortlich sind

LV: Linker Ventrikel, linke Herzkammer

Myokard: Herzmuskel

Myokardinfarkt: Herzinfarkt, Untergang von Herzmuskelgewebe infolge einer Mangeldurchblutung

NN-Intervall: Zeitintervall zwischen zwei Herzschlägen

oxidativer Streß: Belastung der Körperzellen durch hochreaktive, kurzlebige Sauerstoff-Radikale

p: Irrtumswahrscheinlichkeit *

Parameter: Meßgröße

Parasympathikus: Der parasympathische Anteil des vegetativen oder autonomen Nervensystems, genauer s. »Die Ursachen der Vagusschwäche«, S. 57

pNN50: Maß der HRV *

Prophylaxe: Vorbeugung

PTCA: Erweiterung der Kranzgefäßverengungen mittels Ballonkatheter *r:* Korrelationskoeffizient *

RSA: Respiratorische Sinus-Arrhythmie, Maß des Vagustonus *

RMSSD: Maß der HRV *

SDANN: Maß der HRV *

SD-Index: Maß der HRV *

SDNN: Maß der HRV *

sNN50: Maß der HRV *

spastisch-thrombotischer Gefäßverschluß: Gefäßverschluß durch die Kombination aus Gefäßkrampf und Thrombus-(Gerinnsel)bildung

Stenose: Verengung

ST-Strecke im EKG: Bestimmter Streckenabschnitt der Herzstromkurve, dessen Absenkung oder auch Anhebung ischämische Ereignisse anzeigt

Sympathikus: Der sympathische Anteil des vegetativen oder autonomen Nervensystems, genauer s. »Die Ursachen der Vagusschwäche«, S. 55

Thrombus: Blutgerinnsel

TI-Index: Maß der HRV *

Vagus: »Der Umherschweifende«, Kurzform für den Nervus Vagus, den 10. Hirnnerven, weil er als Hauptvertreter des Parasympathikus sehr viele Organe versorgt und daher weit umherschweift, vagabundiert

Vagustonus: Zentral vom Gehirn aus gesteuertes Aktivitätsniveau des Vagus, »Kraft des Vagus«

vegetative Funktionen: die Pflanzen wie Tieren zukommenden Funktionen: Atmung, Kreislauf, Verdauung, Stoffwechsel, Fortpflanzung

Vegetatives Nervensystem: s. autonomes Nervensystem

VW-Infarkt: Vorderwandinfarkt
wMSD: Maß der HRV *

Die mit * gekennzeichneten Begriffe sind in der Einführung zum Anhang bzw. im Methodikteil des Anhangs näher erläutert.

März 2002 · ca. 220 Seiten
Broschur
EUR (D) 24,90 · SFr 44,50
ISBN 3-89806-132-9

»Die moderne Medizin krankt nicht an einem Mangel an Faktenwissen, sondern an einem Mangel an Modellwissen. Es fehlt eine Art ruhende Mitte, von der aus wir unseren Umgang mit Kranken und Krankheit immer wieder neu organisieren können«, formulieren die Herausgeber das Ziel ihres Buches. Die Beträge beschäftigen sich mit Modellen von Krankheit, Gesundheit und Beziehung, jeweils am Beispiel psychotischer Erkrankungen.
Die »Integrierte Medizin« Thure von Uexkülls bildet einen zentralen Bezugspunkt. Uexküll baut die Theorie der Humanmedizin neu auf, indem er Konstruktivismus, Systemtheorie und Zeichenlehre zu einem Syntagma verbindet. Namhafte Psychiater (G. Ulrich, H. M. Emrich) setzen ihre Konzepte psychiatrischer Erkrankung hiermit in Verbindung.
Den zweiten Bezugspunkt bildet die »Funktionelle Entspannung« von Marianne Fuchs, eine hochentwickelte Form der »Körperkunde«, die uns zeigt, wie die Muster von gesund und krank im Körper wahrgenommen, vom Körper gelernt und zum Gesundwerden genutzt werden können. An verschiedenen Beispielen demonstrieren die Autoren, wie eine Neukonzeption psychiatrischer Praxis organisiert werden könnte.